Ausführliches Verzeichnis der

Guttentagschen Sammlung
Deutscher Reichs- und Preußischer Gesetze

— Textausgaben mit Anmerkungen; Taschenformat —,

welche alle wichtigeren Gesetze in unbedingt zuverlässigen Gesetzestexten und in mustergültiger Weise erläutert enthält, befindet sich hinter dem Sachregister.

Guttentagsche Sammlung
Nr. 129. Deutscher Reichsgesetze. Nr. 129.
Textausgaben mit Anmerkungen.

Kriegsgesetze

auf dem Gebiete des

Zivil- und Prozeßrechts.

Für die gerichtliche Praxis zusammengestellt

von

Dr. Johannes Fischer,
Amtsrichter.

Berlin 1918.
J. Guttentag, Verlagsbuchhandlung,
G. m. b. H.

Vorwort.

Je länger der Krieg dauert, um so schwieriger wird es Richtern, Rechtsanwälten und Parteien, die zahlreichen und verstreuten Gesetze und Verordnungen zu beherrschen, die während und aus Anlaß des Krieges das geltende Recht geändert und ausgestaltet haben. Es sind nur wenige Materien, die unverändert geblieben sind. Die Kenntnis der Kriegsgesetze ist für alle Rechtsuchenden und an der Rechtsprechung Beteiligten eine dringende Notwendigkeit; sie zu erlangen aber für den eine mühsame Arbeit, der nicht seit Kriegsbeginn die Gesetzgebung verfolgt hat oder verfolgen konnte. Diese Arbeit zu ersetzen, soweit es sich um Materien handelt, die zur Zuständigkeit der ordentlichen Gerichte, mit Ausnahme der Strafgerichte, gehören, ist der Zweck der vorliegenden Zusammenstellung. Sie enthält sämtliche Gesetze, Verordnungen und Bekanntmachungen auf diesem Gebiete aus der Zeit seit Kriegsbeginn bis Ende Dezember 1917.

Die Verordnungen sind mit zwei Ausnahmen wörtlich abgedruckt; jedoch ist in den vom Bundesrat erlassenen Verordnungen die Einleitung, in der auf § 3 des Gesetzes über die Ermächtigung des Bundesrats zu wirtschaftlichen Maßnahmen vom 4. August 1914 Bezug genommen ist, fortgelassen worden, um den Umfang des Buches nicht unnötig zu erweitern. Aus demselben durch die behördlichen Maßnahmen zur Einschränkung des Papierverbrauchs bedingten Grunde sind nicht abgedruckt worden die umfangreichen Verordnungen über die Todeserklärung Kriegsverschollener und über die Geschäftsaufsicht zur Abwendung des Konkurses, zumal anzunehmen ist, daß die mit ihnen befaßten Personen sie bereits in Sonderausgaben besitzen (vgl. Guttentagsche Sammlung Nr. 124 und 127).

Möge diese Zusammenstellung dazu beitragen, die Arbeit in der Heimat zu erleichtern.

Charlottenburg, Ende Dezember 1917.

Dr. Fischer.

Inhaltsverzeichnis.

D. Prozeßrecht.

Abkürzungen: B.RV. = Bundesratsverordnung.
RKB. = Bek. des Reichskanzlers.

Zeitliche Übersicht.

Datum	RGBl. Seite	1914	Seite
4. Aug.	327	Ermächtigungsgesetz	72
4. Aug.	328	Gesetz, betr. den Schutz der infolge des Krieges an der Wahrnehmung ihrer Rechte behinderten Personen	22
6. Aug.	357	Bek., betr. Verlängerung der Fristen des Wechsel- und Scheckrechts	74
7. Aug.	359	Bek. über die gerichtliche Bewilligung von Zahlungsfristen	91
7. Aug.	360	Bek. über die Geltendmachung von Auslandsansprüchen	124
7. Aug.	361	Bek., betr. Verlängerung der Fristen für wechsel- und scheckrechtliche Handlungen	73
8. Aug.	363	Bek., betr. die Anordnung einer Geschäftsaufsicht	118
8. Aug.	365	Bek. über das zeitweilige Außerkrafttreten einzelner Vorschriften des HGB. . .	62
10. Aug.	368	Bek. über die Fälligkeit d. Auslandswechsel	79
12. Aug.	369	Bek., betr. Auslandswechsel	79
12. Aug.	370	Bek., betr. Abtretung und Pfändung von Forderungen an die Kriegskasse . . .	40
18. Aug.	377	Bek. über die Folgen der nicht rechtzeitigen Zahlung einer Geldforderung	95
29. Aug.	387	Bek., betr. weitere Verlängerung der Fristen des Wechsel- und Scheckrechts	73
4. Sept.	397	Bek., betr. Überwachung	150
8. Sept.	400	Bek., betr. die Revision der eingetragenen Genossenschaft	64
10. Sept.	404	Bek., betr. das vorzeitige Inkrafttreten e. Vorschrift aus dem Ges. v. 10. Juli 1914	57
28. Sept.	417	Bek. über die Unverbindlichkeit gewisser Zahlungsvereinbarungen	39
30. Sept.	421	Bek., betr. Zahlungsverbot gegen England	132
8. Okt.	427	Bek. über das Mindestgebot bei der Versteigerung gepfändeter Sachen . . .	110

Datum	RGBl. Seite	1914—1915	Seite
8. Okt.	428	Bek. über die Ladung zur Ges.-Vers. einer G. m. b. H.	63
13. Okt.	—	Bek., betr. Zulassung gewisser Zahlungen. — Deutscher Reichsanzeiger Nr. 242	138
20. Okt.	443	Bek., betr. Zahlungsverbot g. Frankreich	139
22. Okt.	447	Bek., betr. Überwachung	150
22. Okt.	448	Bek. über die Fälligkeit d. Auslandswechsel	80
22. Okt.	450	Bek. über die Ausdehnung des Kriegsteilnehmerschutzgesetzes auf Kriegsbeteiligte Österreich-Ungarns	28
19. Nov.	479	Bek., betr. Zahlungsverbot gegen Rußland	140
26. Nov.	487	Bek., betr. die zwangsweise Verwaltung französischer Unternehmungen	152
10. Dez.	499	Bek. über die Versagung des Zuschlags	115
15. Dez.	511	Bek., betr. Einigungsämter	104
16. Dez.	—	Bek., betr. Zulassung gewisser Zahlungen. — Reichsanzeiger Nr. 295	138
17. Dez.	518	Bek. über die Vertretung e. Genossen usw.	65
17. Dez.	519	Bek., betr. die Fristen des Wechselrechts für Elsaß-Lothringen und Ostpreußen	75
20. Dez.	550	Bek., betr. die Zahlungsverbote	136
22. Dez.	542	Bek., betr. die für eine auswärtige Bank — — entstandenen Ansprüche	134
22. Dez.	541	Bek. über die Sicherheitsleistung mit Wertpapieren	39
22. Dez.	543	Bek., betr. die Bewilligung von Zahlungsfristen bei Hypotheken	94
22. Dez.	543	Bek. über die Verjährungsfristen . . .	36
22. Dez.	556	Bek., betr. zwangsweise Verwaltung britischer Unternehmungen	158
		1915	
5. Jan.	13	Bek., betr. Änderungen hinsichtlich der Kapitalbeteiligung an einem Unternehmen	154
14. Jan.	17	Bek. über die Vertretung von Kriegsteilnehmern	30

Datum	RGBl. Seite	1915	Seite
14. Jan.	18	Bek. über die freiw. Gerichtsbarkeit in Heer und Marine	119
18. Jan.	23	Bek. über die Fälligkeit d. Auslandswechsel	80
21. Jan.	32	Bek., betr. Fristen des Wechselrechts usw.	76
4. Febr.	69	Bek., betr. Zahlungsverbot gegen Rußland	140
4. Febr.	70	Bek. über die Gegenseitigkeit im Verh. zu Österreich-Ungarn	28
11. Febr.	71	Bek., betr. die Veröffentlichung der Handelsregistereintragungen	58
25. Febr.	123	Bek., betr. die Bilanzen von Akt.-Ges. usw.	61
4. März	129	Bek., betr. Fristen des Wechselrechts . .	76
4. März	133	Bek. über die zwangsweise Verwaltung russischer Unternehmungen	158
26. März	184	Bek., betr. die Erfüllung v. Ansprüchen bei zwangsweise verwalteten Grundstücken	135
20. April	231	Bek. über die Geltendmachung von Ansprüchen von Personen, die in Österreich-Ungarn wohnen	125
22. April	233	Bek. über die Zwangsverwaltung von Grundstücken	116
22. April	235	Bek. über den dingl. Rang öffentl. Lasten	114
17. Mai	284	Bek., betr. Aufhebung usw.	75
17. Mai	284	Bek., betr. Fristen des Wechselrechts usw.	74
17. Mai	285	Bek. über die Einschränkung der Lohn- usw. Pfändung	112
20. Mai	290	Bek. über gerichtliche Bewilligung von Zahlungsfristen	91 95
8. Juni	327	Ges. zur Einschränkung der Verfügung über Miet- und Pachtzinsforderungen	41
24. Juni	351	Bek., betr. Ergänzung d. V. über die Überwachung und zwangsweise Verwaltung	156
25. Juni	361	Bek. üb. d. Geltendmachung v. Ansprüchen von Personen, die in d. Schweiz wohnen	125
1. Juli	414	Bek. über die gewerbl. Schutzrechte feindl. Staatsangehöriger	171
2. Juli	417	Best. zur Ausführung obiger Verordnung	173

Datum	RGBl. Seite	1916—1917	Seite
31. Aug.	985	Bek. über die Bestätigung von Schecks durch die Reichsbank	83
28. Sept.	1099	Bek., betr. zwangsweise Verwaltung rumänischer Unternehmungen	158
10. Okt.	1145	Bek. über Rohtabak	111
26. Okt.	1198	Verordnung über die Verjährungsfristen	38
8. Nov.	1263	Ges., betr. Änderungen des Gerichtskostengesetzes, der Gebührenordnung für Rechtsanwälte und der Gebührenordnung für Gerichtsvollzieher . . .	106
24. Nov.	1289	Bek., betr. wirtschaftliche Vergeltungsmaßregeln gegen Italien	145
25. Nov.	1299	Bek. über die Beglaubigung von Unterschriften und die Legalisation von Urkunden in den besetzten Gebieten . .	123
14. Dez.	1362	Bek. über die Verwendung weiblicher Hilfskräfte im Gerichtsschreiberdienste	84
14. Dez.	1363	Bek. über die Geschäftsaufsicht zur Abwendung des Konkurses	118
16. Dez.	1396	Bek., betr. Verträge mit feindlichen Staatsangehörigen	127
17. Dez.	1398	Bek. zur Ausführung obiger Verordnung	129
23. Dez.	1429	Bek., betr. Veräußerung von Aktien usw.	69
		1917	
9. Jan.	29	Bek. über gewerbl. Schutzrechte von Angehörigen Italiens	173
17. Jan.	51	Bek., betr. die Stundungsvorschriften der Zahlungsverbote	136
18. Jan.	57	Bek. über die Eintragung der Legitimation unehel. Kinder von Kriegsteilnehmern	33
18. Jan.	65	Bek. zur Ergänzung der Bek., betr. Liquidation britischer Unternehmungen	167
25. Jan.	73	Bek. über gewerbl. Schutzrechte	171
3. Febr.	103	Bek., betr. die Stundungsvorschriften des Zahlungsverbots gegen Rußland . . .	141
8. Febr.	113	Bek. zum Schutz von Kriegsflüchtlingen	33

Datum	RGBl. Seite	1917	Seite
9. Aug.	702	Bek. über das Verfahren bei der Todeserklärung Kriegsverschollener	36
9. Aug.	708	Bek., betr. Zahlungsverbot gegen Amerika	148
30. Aug.	746	Bek., betr. die Veröffentlichung von Handelsregistereintragungen	58
12. Sept.	831	Bek., betr. wirtschaftliche Vergeltungsmaßnahmen gegen Siam, Liberia, China	148
15. Sept.	834	Bek., betr. Änderung der Bek. zum Schutze der Mieter	49
15. Sept.	834	Anordnung f. d. Verfahren vor den Amtsgerichten in Mieteinigungssachen . . .	49
20. Sept.	854	Bek. über die Geltendmachung von Auslandsansprüchen	125
20. Sept.	854	Bek., betr. die Fristen d. Wechselrechts usw.	78
22. Sept.	876	Bek., betr. Liquid. russ. Unternehmungen	171
20. Okt.	945	Bek. über Zigarettenrohtabak	111
2. Nov.	987	Bek. über die staatl. Genehmigung zur Errichtung von Akt.-Ges.	59
2. Nov.	988	Ausführungsbestimmung zu obiger Bek.	60
2. Nov.	989	Bek. über Sammelheizungs- und Warmwasserversorgungsanlag. in Mieträumen	50
2. Nov.	991	Anordn. f. d. Verfahren v. d. Schiedsstellen	52
3. Nov.	1004	Bek. über die Anwendung der Verordnung, betr. Verträge mit feindlichen Staatsangehörigen, auf Rußland . .	131
8. Nov.	1021	Bek., betr. Ausdehnung der V. über die Bewilligung von Zahlungsfristen usw.	98
10. Nov.	1050	Bek., betr. wirtschaftliche Vergeltungsmaßnahmen gegen Amerika	163
15. Nov.	1051	Bek. über die Kraftloserklärung v. Aktien	168
22. Nov.	1068	Bek. über die Verjährungsfristen . . .	38
13. Dez.	1102	Bek. über Lohnpfändung	180
13. Dez.	1105	Bek., betr. zwangsweise Verwaltung amerikanischer Unternehmungen . . .	182
20. Dez.	1114	Bek. über Auslandsansprüche	181
20. Dez.	1114	Bek., betr. Fristen des Wechselrechts . .	179

A. Sondervorschriften zum Schutze von Kriegsteilnehmern, deren Angehörigen und Kriegsflüchtlingen.

I. Kriegsteilnehmerschutz.

a) Gesetz, betreffend den Schutz der infolge des Krieges an Wahrnehmung ihrer Rechte behinderten Personen. Vom 4. August 1914 (RGBl. S. 328).

§ 1. Für den gegenwärtigen Kriegszustand gelten die in den §§ 2 bis 10 enthaltenen Vorschriften.

§ 2. In bürgerlichen Rechtsstreitigkeiten, welche bei den ordentlichen Gerichten anhängig sind oder anhängig werden, wird das Verfahren unterbrochen:

1. wenn eine Partei vermöge ihres Dienstverhältnisses, Amtes oder Berufs zu den mobilen oder gegen den Feind verwendeten Teilen der Land- oder Seemacht oder zu der Besatzung einer armierten oder in der Armierung begriffenen Festung gehört;

2. wenn eine Partei dienstlich aus Anlaß der Kriegführung des Reichs sich im Ausland aufhält;

3. wenn eine Partei als Kriegsgefangener oder Geisel sich in der Gewalt des Feindes befindet.

Die vorstehende Bestimmung findet auch Anwendung auf die bürgerlichen Rechtsstreitigkeiten, welche bei den auf Grund des Gewerbegerichtsgesetzes (RGBl. 1901 S. 353) zur Entscheidung gewerblicher Streitigkeiten berufenen Gerichten und den auf Grund des Gesetzes vom 6. Juli 1904 (RGBl. S. 266) errichteten Kaufmannsgerichten anhängig sind oder anhängig werden.

§ 3. Eine Unterbrechung des Verfahrens tritt nicht ein:

1. wenn die im § 2 bezeichnete Partei einen persönlichen Sicherheitsarrest erwirkt hat, insoweit es sich um die Entscheidung handelt, ob der Arrest aufrechtzuerhalten oder aufzuheben sei;

2. wenn die Partei durch einen Prozeßbevollmächtigten vertreten ist oder einen anderen zur Wahrnehmung ihrer Rechte berufenen Vertreter hat.

In den unter Nr. 2 bezeichneten Fällen hat das Prozeßgericht auf Antrag des Vertreters die Aussetzung des Verfahrens anzuordnen[1]).

§ 4. Die Unterbrechung oder Aussetzung des Verfahrens hört auf:

1. mit der Beendigung des Kriegszustandes;

2. vor diesem Zeitpunkt mit der Aufnahme des Verfahrens durch die im § 2 bezeichnete Partei (ZPO. § 250).

Erfolgt die Aufnahme durch die Partei nicht bis zum Ablauf eines Monats seit der Beendigung des nach § 2 maßgebenden Verhältnisses, so kann die Partei zur Aufnahme und zugleich zur Verhandlung der Hauptsache geladen werden. Erscheint sie in dem Termine nicht und wird der Ablauf der für die Aufnahme festgesetzten Frist glaubhaft gemacht, so ist auf Antrag die Beendigung des nach § 2 maßgebenden Verhältnisses als zugestanden anzunehmen und zur Hauptsache zu verhandeln.

§ 5. Die Zwangsvollstreckung gegen die im § 2 bezeichneten Personen wegen privat-rechtlicher und öffentlich-rechtlicher Geldforderungen unterliegt folgenden Beschränkungen:

1. Die Versteigerung und die anderweite Verwertung beweglicher körperlicher Sachen ist unzulässig. Die Vollstreckungsbehörde kann jedoch auf Antrag oder von Amtswegen anordnen, daß eine verbrauchbare Sache oder eine Sache, die der Gefahr einer beträchtlichen Wertsverringerung ausgesetzt ist oder deren Aufbewahrung unverhältnismäßige

---

[1]) Durch die Bek., betr. die Vertretung von Kriegsteilnehmern vom 14. Jan. 1915 ist dem Abs. 2 ein Satz 2: „Betrifft der Rechtsstreit einen vermögensrechtlichen Anspruch, so kann das Prozeßgericht den Antrag ablehnen, wenn die Aussetzung nach den Umständen des Falles offenbar unbillig ist", hinzugefügt worden. Siehe auch S. 31.

Kosten verursachen würde, versteigert und der Erlös hinterlegt oder zur Befriedigung des Gläubigers an diesen abgeführt werde.

Die Ablieferung von gepfändetem Gelde an den Gläubiger wird hierdurch nicht ausgeschlossen.

2. Die Versteigerung von Gegenständen, welche der Zwangsvollstreckung in das unbewegliche Vermögen unterliegen, ist unzulässig.

Die vorstehenden Bestimmungen finden auch Anwendung auf Zwangsvollstreckungen in das Vermögen der Ehefrauen und Kinder der im § 2 bezeichneten Personen, insoweit die Zwangsvollstreckung die Vermögensrechte berührt, die dem Ehemann auf Grund des ehelichen Güterrechts oder die den Eltern auf Grund der elterlichen Gewalt zustehen.

§ 6. Die Eröffnung des Konkursverfahrens über das Vermögen der im § 2 bezeichneten Personen ist nur auf deren Antrag zulässig.

Ist das Konkursverfahren über das Vermögen einer solchen Person eröffnet, so kann das Konkursgericht auf den Antrag des Gemeinschuldners die Aussetzung des Verfahrens anordnen.

Die Aussetzung hört auf:

1. mit der Beendigung des Kriegszustandes;

2. vor diesem Zeitpunkt mit einem die Fortsetzung des Verfahrens anordnenden Beschlusse des Gerichts. Der Beschluß erfolgt auf den Antrag des Gemeinschuldners oder nach Anhörung desselben auf den Antrag des Verwalters oder eines Konkursgläubigers. Die Fortsetzung des Verfahrens ist anzuordnen, wenn sie vom Gemeinschuldner oder nach Ablauf der im § 4 Abs. 2 festgesetzten Frist vom Verwalter oder von einem Konkursgläubiger beantragt wird.

Der die Aussetzung und der die Fortsetzung des Verfahrens anordnende Beschluß sowie der Grund der Anordnung sind öffentlich bekannt zu machen.

§ 7. Die Eröffnung und die Fortsetzung eines Konkurs-, Aufgebots- oder Verteilungsverfahrens sowie die Anordnung und die Fortsetzung einer Zwangsversteigerung oder Zwangsverwaltung von Gegenständen des unbeweglichen Vermögens wird, unbeschadet der Vorschriften in den §§ 5, 6, durch die Beteiligung der im § 2 bezeichneten Personen als Gläubiger oder anderweit Berechtigte nicht berührt. Es gelten jedoch hierbei folgende Bestimmungen:

1. Ist gegen diese Personen ein Versäumnis- oder ein Ausschlußurteil ergangen oder sind sie infolge ihrer Abwesenheit sonstwie als säumig behandelt oder mit ihren Rechten ausgeschlossen worden, so können sie binnen sechs Monaten nach Beendigung des Kriegszustandes oder des nach § 2 maßgebenden Verhältnisses, soweit es in dem Verfahren noch möglich ist, die versäumten Handlungen nachholen und ihre Ansprüche geltend machen oder, soweit dies nicht mehr möglich ist, von demjenigen, zu dessen Gunsten die Rechtsänderung eingetreten ist, die Herausgabe des erlangten Vorteils nach den Vorschriften über die Herausgabe einer ungerechtfertigten Bereicherung verlangen.

Ist ein Recht von einer der im § 2 bezeichneten Personen angemeldet oder ist anzunehmen, daß ein solches ihr zusteht, so wird ihr dasselbe in der betreffenden Entscheidung oder Verfügung ausdrücklich vorbehalten.

2. Ergibt sich bei einer vorzunehmenden Verteilung, daß eine solche Person eine bei der Verteilung zu berücksichtigende Forderung angemeldet hat oder daß eine derartige Forderung ihr mutmaßlich zusteht, so muß bei der Verteilung so verfahren werden, als wenn die Forderung und das für sie in Anspruch genommene oder anscheinend begründete Vorrecht endgültig festgestellt wäre. Die auf die Forderung fallenden Beträge sind zu hinterlegen.

3. Ergibt sich bei der Zwangsversteigerung eines Gegenstandes des unbeweglichen Vermögens nach Beendigung der Versteigerung, daß eine der im § 2 bezeichneten Per-

sonen wegen einer Forderung, für welche die Zwangsversteigerung betrieben wird oder der Gegenstand der Zwangsversteigerung dinglich haftet oder die ein Recht auf Befriedigung aus dem Grundstück gewährt oder wegen einer Grundschuld oder einer Rentenschuld durch das Meistgebot nicht gedeckt wird, so kann der Zuschlag versagt und ein neuer Versteigerungstermin bestimmt werden, sofern die Umstände die Annahme begründen, daß ein höheres, zur gänzlichen oder teilweisen Befriedigung genügendes Gebot erfolgen werde.

4. Die Bestimmungen unter Ziffer 1—3 gelten nicht zugunsten derjenigen Personen, welche einen zur Wahrnehmung ihrer Rechte berufenen Vertreter haben.

§ 8. Die Verjährung ist gehemmt zugunsten der im § 2 bezeichneten Personen und ihrer Gegner bis zur Beendigung des Kriegszustandes oder des nach § 2 maßgebenden Verhältnisses.

Das gleiche gilt von den gesetzlich für die Beschreitung des Rechtswegs vorgeschriebenen Ausschlußfristen sowie von den Fristen, auf welche die Vorschriften des § 203 BGB. ganz oder teilweise entsprechende Anwendung finden [1]).

§ 9. Die Bestimmungen dieses Gesetzes, mit Ausnahme der in den §§ 5, 6 enthaltenen Vorschriften, finden entsprechende Anwendung auf diejenigen natürlichen Personen, welche durch eine im § 2 bezeichnete Person gesetzlich vertreten werden, sofern sie nicht prozeßfähig sind.

Soll eine solche Person verklagt oder soll der Rechtsstreit gegen sie fortgesetzt werden, so kann ihr der Vorsitzende des Prozeßgerichts, falls mit dem Verzuge Gefahr verbunden ist, auf Antrag einen besonderen Vertreter bestellen. Ist der Rechtsstreit bei der Bestellung des besonderen Vertreters bereits anhängig, so endet mit der Bestellung desselben die

---

[1]) Durch Bek. v. 5. Juli 1917 ist ein Abs. 3 hinzugefügt worden. Siehe S. 27.

Unterbrechung des Verfahrens. Der besondere Vertreter ist zu dem Antrag auf Aussetzung des Verfahrens nicht befugt.

§ 10. Die Bestimmungen dieses Gesetzes über die Unterbrechung und die Aussetzung des Verfahrens finden, sofern nicht das Landesrecht etwas anderes bestimmt, auch auf die bürgerlichen Rechtsstreitigkeiten Anwendung, welche bei den im § 14 des Gerichtsverfassungsgesetzes zugelassenen besonderen Gerichten anhängig sind oder anhängig werden. Die Landesregierungen sind befugt, ergänzende und abweichende Anordnungen im Verordnungswege zu erlassen.

§ 11. Der Zeitpunkt, mit welchem der Kriegszustand als beendet anzusehen ist, wird durch Kaiserliche Verordnung bestimmt.

§ 12. Dieses Gesetz tritt mit der Verkündung in Kraft.

Dieses Gesetz ist ergänzt worden durch

Bekanntmachung, betreffend die Erstreckung von Anfechtungsfristen gegenüber Kriegsteilnehmern. (BRV.) Vom 5. Juli 1917 (RGBl. S. 590).

Art. 1. Der § 8 des Gesetzes, betreffend den Schutz der infolge des Krieges an Wahrnehmung ihrer Rechte behinderten Personen, vom 4. August 1914 (RGBl. S. 328) erhält folgenden Abs. 3:

Soweit nach den Vorschriften der Konkursordnung oder des Gesetzes, betreffend die Anfechtung von Rechtshandlungen eines Schuldners außerhalb des Konkursverfahrens (RGBl. 1898 S. 709), die Anfechtbarkeit von Rechtshandlungen davon abhängt, daß sie innerhalb bestimmter Fristen vor der Eröffnung des Konkurses, vor dem Eröffnungsantrag, vor der Zahlungseinstellung oder vor der Anfechtung vorgenommen sind, wird bei der Berechnung der Fristen die Zeit, während deren der Schuldner zahlungsunfähig ist und zu den im § 2 bezeichneten Personen gehört, oder falls der Kriegszustand vor Ablauf dieses Zeitraumes endet, die Zeit bis zur Beendigung des Kriegszustandes nicht mitgerechnet.

Art. 2. Diese Verordnung tritt mit dem Tage der Verkündung, und zwar mit Wirkung vom 4. August 1914 in Kraft.

b) Kriegsbeteiligte Österreich-Ungarns.

Bekanntmachung über die Ausdehnung des Gesetzes, betreffend den Schutz der infolge des Krieges an Wahrnehmung ihrer Rechte behinderten Personen, vom 4. August 1914 (RGBl. S. 328) auf Kriegsbeteiligte Österreich-Ungarns. (BRV.) Vom 22. Okt. 1914 (RGBl. S. 450).

§ 1. Im Sinne des Gesetzes, betreffend den Schutz der infolge des Krieges an Wahrnehmung ihrer Rechte behinderten Personen, vom 4. August 1914 (RGBl. S. 328) stehen die deutsche und die österreichisch-ungarische Land- und Seemacht, die deutschen und die österreichisch-ungarischen Festungen sowie die Kriegsführung des Reichs und die Kriegsführung Österreich-Ungarns einander gleich.

§ 2. Diese Verordnung tritt mit dem Tage in Kraft, an dem der Reichskanzler im Reichs-Gesetzblatt bekannt macht, daß durch die Gesetzgebung Österreich-Ungarns die Gegenseitigkeit verbürgt ist.

Bekanntmachung über die Gegenseitigkeit im Verhältnis zu Österreich-Ungarn hinsichtlich der Kriegsbeteiligten. (RKB.) Vom 4. Februar 1915 (RGBl. S. 70).

Auf Grund des § 2 der Verordnung des Bundesrats über die Ausdehnung des Gesetzes, betreffend den Schutz der infolge des Krieges an Wahrnehmung ihrer Rechte behinderten Personen, vom 4. August 1914 (RGBl. S. 328) auf Kriegsbeteiligte Österreich-Ungarns vom 22. Oktober 1914 (RGBl. S. 450) wird hierdurch bekannt gemacht, daß durch gesetzliche Verordnungen der Regierungen Österreich-Ungarns die Gegenseitigkeit im Sinne jener Vorschrift verbürgt ist.

c) Bewilligung von Zahlungsfristen an Kriegsteilnehmer.

Bekanntmachungen vom 8. Juni 1916 und 8. November 1917 abgedruckt unten S. 96.

d) Angehörige immobiler Truppenteile.

Bekanntmachung zum Schutze von Angehörigen immobiler Truppenteile. (BRV.) Vom 20. Januar 1916 (RGBl. S. 47).

§ 1. In bürgerlichen Rechtsstreitigkeiten hat das Gericht auf Antrag einer Partei, die vermöge ihres Dienstverhältnisses, Amtes oder Berufes zu anderen als den mobilen oder gegen den Feind verwendeten Teilen der Land- oder Seemacht oder zu der Besatzung einer weder armierten noch in der Armierung begriffenen Festung gehört, die Aussetzung des Verfahrens anzuordnen, wenn die Partei infolge ihrer Zugehörigkeit zur bewaffneten Macht an Wahrnehmung ihrer Rechte behindert ist.

Der Antrag ist abzulehnen, wenn die Aussetzung nach den Umständen des Falles offenbar unbillig ist.

§ 2. Auf Antrag des Gegners hat das Gericht die Aussetzung wieder aufzuheben, wenn die Voraussetzungen für ihre Anordnung weggefallen sind oder die weitere Aussetzung offenbar unbillig ist. Die Entscheidung kann ohne mündliche Verhandlung erfolgen. Vor der Entscheidung ist die im § 1 bezeichnete Partei zu hören; die Äußerung kann vor dem Gerichtsschreiber zu Protokoll erklärt werden.

§ 3. Die Vorschriften der §§ 1 und 2 finden entsprechende Anwendung auf die natürlichen Personen, die durch eine im § 1 bezeichnete Person gesetzlich vertreten werden, sofern sie nicht prozeßfähig sind.

§ 4. Die Befugnis des Gerichts, auch von Amtswegen die Aussetzung des Verfahrens anzuordnen (§ 247 ZPO.) wird durch diese Verordnung nicht berührt.

§ 5. Diese Verordnung tritt mit dem Tage der Verkündung in Kraft. Der Reichskanzler bestimmt den Zeitpunkt des Außerkrafttretens.

Bekanntmachung über die Ausdehnung der Verordnung zum Schutze von Angehörigen immobiler Truppenteile vom 20. Jan. 1916 (RGBl. S. 47) auf Angehörige der österreichisch-ungarischen Wehrmacht. (BRV.) Vom 28. Juni 1917 (RGBl. S. 567).

§ 1. Im Sinne der Verordnung zum Schutze von Angehörigen immobiler Truppenteile vom 20 Januar 1916 (RGBl. S. 47) stehen die deutsche und die österreichisch-ungarische Land- und Seemacht sowie die deutschen und die österreichisch-ungarischen Festungen einander gleich.

§ 2. Diese Verordnung tritt mit dem Tage der Verkündung in Kraft[1]).

Die **Bekanntmachung über die gerichtliche Bewilligung von Zahlungsfristen an Kriegsteilnehmer vom 8. Juni 1916** (siehe unten S. 96ff.) gilt gemäß § 5 auch für Angehörige von immobilen Teilen der Land- und Seemacht.

e) Vertretung von Kriegsteilnehmern in bürgerlichen Rechtsstreitigkeiten.

Bekanntmachung über die Vertretung der Kriegsteilnehmer in bürgerlichen Rechtsstreitigkeiten. (BRV.) Vom 14. Jan. 1915 (RGBl. S. 17).

§ 1. Einem Kriegsteilnehmer (§ 2 des Gesetzes vom 4. August 1914, RGBl. S. 328), der ohne Vertreter ist, kann der Vorsitzende des Prozeßgerichts auf Antrag des Gegners einen geeigneten Vertreter bestellen, der die Rechte und Verpflichtungen des Kriegsteilnehmers im Rechtsstreit wahrzunehmen hat. Die Bestellung ist nur zulässig, wenn sie zur Verhütung offenbarer Unbilligkeiten erforderlich erscheint. Vor der Bestellung soll der Vorsitzende, soweit tunlich, Verwandte des Kriegsteilnehmers oder andere Personen hören, die mit dessen Verhältnissen vertraut sind.

---

[1]) Der Schutz ist nicht ausgedehnt auf die Angehörigen der türkischen und bulgarischen Streitmacht.

Die Bestellung des Vertreters soll dem Kriegsteilnehmer unverzüglich mitgeteilt werden. Der Kriegsteilnehmer kann dem Vertreter die Vertretungsbefugnis entziehen, soweit er einen anderen Vertreter bestellt.

§ 2. Der § 3 Abs. 2 des Gesetzes, betreffend den Schutz der infolge des Krieges an Wahrnehmung ihrer Rechte behinderten Personen, vom 4. August 1914 (RGBl. S. 328) erhält folgenden Satz 2:

„Betrifft der Rechtsstreit einen vermögensrechtlichen Anspruch, so kann das Prozeßgericht den Antrag ablehnen, wenn die Aussetzung nach den Umständen des Falles offenbar unbillig ist."

§ 3. Soweit durch die Bestellung eines Vertreters (§ 1) besondere Kosten entstehen, hat der Gegner des Kriegsteilnehmers sie auch im Falle des Obsiegens zu tragen.

§ 4. Diese Verordnung tritt mit dem Tage der Verkündung in Kraft.

In den zur Zeit des Inkrafttretens der Verordnung anhängigen vermögensrechtlichen Streitigkeiten, in denen das Verfahren auf Grund des Gesetzes vom 4. August 1914 (RGBl. S. 328) unterbrochen oder ausgesetzt ist, kann der Gegner den Kriegsteilnehmer zu Händen des Vertreters zur Aufnahme des Verfahrens und zugleich zur Verhandlung der Hauptsache laden. Der Kriegsteilnehmer ist zur Aufnahme des Verfahrens nur verpflichtet, wenn die weitere Unterbrechung oder Aussetzung nach den Umständen des Falles offenbar unbillig ist; die tatsächlichen Behauptungen, die zur Begründung dieser Verpflichtung dienen, sind in dem die Ladung enthaltenden Schriftsatz mitzuteilen. Erscheint in dem Termine für den Kriegsteilnehmer niemand und ist nach den als zugestanden anzunehmenden tatsächlichen Behauptungen die Verpflichtung zur Aufnahme begründet, so gilt das Verfahren als aufgenommen und ist zur Hauptsache zu verhandeln.

II. Schutz der Angehörigen von Kriegsteilnehmern.

a) Bekanntmachung über das Kündigungsrecht der Hinterbliebenen von Kriegsteilnehmern. (BRV.) Vom 7. Oktober 1915 (RGBl. S. 642).

§ 1. Auf eine Vereinbarung, durch die für den Fall, daß der Mieter stirbt, das Kündigungsrecht des Erben abweichend von den Vorschriften im § 569 BGB. geregelt ist, kann sich der Vermieter nicht berufen, wenn der Mieter infolge seiner Teilnahme am Kriege gestorben ist.

§ 2. Haben Eheleute gemeinschaftlich gemietet, und stirbt der Ehemann infolge seiner Teilnahme am Kriege, so ist die Ehefrau berechtigt, das Mietverhältnis unter Einhaltung der gesetzlichen Frist für den ersten zulässigen Termin zu kündigen. Auf eine abweichende Vereinbarung kann sich der Vermieter nicht berufen.

§ 3. Gegen eine Kündigung, die auf Grund des § 1 oder des § 2 erfolgt, kann der Vermieter binnen einer Woche bei dem Amtsgericht, in dessen Bezirke sich die Mietsache befindet, Widerspruch erheben. Das Gericht hat Abschrift des Widerspruchs dem Gegner zur Erklärung mitzuteilen.

Das Gericht entscheidet darüber, ob trotz des Widerspruchs die Kündigung wirksam ist. Die Kündigung ist für unwirksam zu erklären, wenn nicht die Fortsetzung des Mietverhältnisses zu einem unverhältnismäßigen Nachteil für den Erben oder die Ehefrau führen würde. Bei dieser Entscheidung sind die beiderseits geltend gemachten Umstände in billiger Weise gegeneinander abzuwägen. Die tatsächlichen Behauptungen sind glaubhaft zu machen.

Die Entscheidung, die ohne mündliche Verhandlung ergehen kann, erfolgt durch Beschluß. Gegen den Beschluß findet sofortige Beschwerde statt.

Die Gerichts- und Anwaltsgebühren betragen zwei Zehnteile des Satzes des § 8 des Gerichtskostengesetzes und des § 9 der Gebührenordnung für Rechtsanwälte.

§ 4. Diese Verordnung tritt mit dem Tage der Verkündung in Kraft Sie findet auch Anwendung, wenn der Tod des Mieters vor diesem Tage eingetreten war; die Kündigung kann für den ersten zulässigen Termin nach dem Inkrafttreten erfolgen.

Den Zeitpunkt des Außerkrafttretens der Verordnung bestimmt der Reichskanzler.

b) **Bekanntmachung über die Eintragung der Legitimation unehelicher Kinder von Kriegsteilnehmern in das Geburtsregister.** (BRV.) Vom 18. Januar 1917 (RGBl. S. 57).

Hat ein uneheliches Kind, dessen Vater Kriegsteilnehmer ist oder gewesen ist, dadurch die Rechtsstellung eines ehelichen Kindes erlangt, daß der Vater die Mutter geheiratet hat, so hat das Vormundschaftsgericht dies auf Antrag eines Beteiligten festzustellen und die Beischreibung der Feststellung am Rande der Geburtsurkunde anzuordnen. Die Beischreibung erfolgt in diesem Falle auf Ersuchen des Gerichts.

Sind nach den Landesgesetzen die Verrichtungen des Vormundschaftsgerichts anderen als gerichtlichen Behörden übertragen, so bestimmt die Landeszentralbehörde, welche dieser Behörden für die im Abs. 1 bezeichneten Geschäfte zuständig ist.

III. Schutz von Kriegsflüchtlingen.

Bekanntmachung zum Schutze von Kriegsflüchtlingen. (BRV.) Vom 8. Februar 1917 (RGBl. S. 113).

§ 1. In bürgerlichen Rechtsstreitigkeiten hat das Gericht auf Antrag einer Partei, die ihren Wohnsitz oder ihre gewerbliche Niederlassung im Kriegsgebiet hatte, die Aussetzung des Verfahrens anzuordnen, wenn die Partei durch kriegerische Unternehmungen oder durch militärische Anordnung genötigt worden ist, den Wohnsitz oder die gewerbliche Niederlassung zu verlassen und infolgedessen an der Wahrnehmung ihrer Rechte behindert ist.

Der Antrag ist abzulehnen, wenn die Aussetzung nach den Umständen des Falles offenbar unbillig ist.

§ 2. Auf Antrag des Gegners hat das Gericht die Aussetzung wieder aufzuheben, wenn die Voraussetzungen für ihre Anordnung weggefallen sind oder die weitere Aussetzung offenbar unbillig ist. Die Entscheidung kann ohne mündliche Verhandlung erfolgen. Vor der Entscheidung ist die im § 1 bezeichnete Partei zu hören; die Äußerung kann vor dem Gerichtsschreiber zu Protokoll erklärt werden.

§ 3. Die Vorschriften der §§ 1 und 2 finden entsprechende Anwendung auf die natürlichen Personen, die durch eine im § 1 bezeichnete Person gesetzlich vertreten werden, sofern sie nicht prozeßfähig sind.

§ 4. Die Befugnis des Gerichts, auch von Amtswegen die Aussetzung des Verfahrens anzuordnen (§ 247 ZPO.), wird durch die Vorschriften der §§ 1 bis 3 nicht berührt.

§ 5. Auf Antrag eines Schuldners, der seinen Wohnsitz oder seine gewerbliche Niederlassung im Kriegsgebiet hatte, kann die Zahlungsfrist gemäß §§ 1, 4 der Verordnung über die gerichtliche Bewilligung von Zahlungsfristen (RGBl. 1915 S. 290; 1916 S. 451)[1]) bis zu sechs Monaten bestimmt werden, wenn der Schuldner durch kriegerische Unternehmungen oder durch militärische Anordnung genötigt worden ist, den Wohnsitz oder die gewerbliche Niederlassung zu verlassen, und seine wirtschaftliche Lage infolgedessen so wesentlich verschlechtert ist, daß sein Fortkommen gefährdet erscheint.

Der Antrag ist auch bei einer nach dem 31. Juli 1914 entstandenen Geldforderung zulässig, sofern die Forderung entstanden ist, bevor der Schuldner seinen Wohnsitz oder seine gewerbliche Niederlassung verlassen hat.

Der Antrag darf nicht deshalb abgelehnt werden, weil anzunehmen ist, daß der Schuldner nach Ablauf der Zahlungsfrist zur Befriedigung des Gläubigers außerstande sein wird.

[1]) Siehe unten S. 91.

§ 6. Unter den im § 5 Abs. 1 und 2 bezeichneten Voraussetzungen kann die Einstellung der Zwangsvollstreckung (§ 5 der Verordnung über die gerichtliche Bewilligung von Zahlungsfristen) für die Dauer von längstens sechs Monaten erfolgen; sie kann mehrfach erfolgen und ist auch zulässig, wenn eine Zahlungsfrist bereits bestimmt ist.

Die Vorschrift des § 5 Abs. 3 ist entsprechend anzuwenden.

§ 7. Auf Antrag des Gläubigers kann das Vollstreckungsgericht die Einstellung der Vollstreckung (§ 6) aufheben, wenn die Einstellung infolge nachträglicher wesentlicher Veränderung der Umstände dem Gläubiger einen unverhältnismäßigen Nachteil bringen würde, insbesondere wenn die spätere Befriedigung des Gläubigers durch andere Zwangsvollstreckungen erheblich gefährdet wird.

Die Gerichts- und Anwaltsgebühren betragen zwei Zehnteile des Satzes des § 8 des Gerichtskostengesetzes und des § 9 der Gebührenordnung für Rechtsanwälte. Der Wert des Streitgegenstandes ist von dem Gerichte nach freiem Ermessen, höchstens jedoch auf den zwanzigsten Teil der Forderung festzusetzen.

§ 8. Die Verordnung über die Folgen der nicht rechtzeitigen Zahlung einer Geldforderung (RGBl. 1915 S. 292; 1916 S. 451)[1]) findet unter den im § 5 Abs. 1 bezeichneten Voraussetzungen auch bei den nach dem 31. Juli 1914 entstandenen Geldforderungen Anwendung, sofern die Forderung entstanden ist, bevor der Schuldner seinen Wohnsitz oder seine gewerbliche Niederlassung verlassen hat.

§ 9. Die Vorschriften dieser Verordnung finden auf Personen, die sich im Ausland aufhalten, keine Anwendung.

§ 10. Der Reichskanzler bestimmt, welche Gebiete als Kriegsgebiet im Sinne dieser Verordnung anzusehen sind.

§ 11. Diese Verordnung tritt mit dem Tage der Verkündung in Kraft. Der Reichskanzler bestimmt den Zeitpunkt des Außerkrafttretens.

---

[1]) Siehe unten S. 95.

Als Kriegsgebiet im Sinne dieser Verordnung gelten gemäß **Bekanntmachung des Reichskanzlers über Bestimmung des Kriegsgebiets im Sinne der Verordnung zum Schutze von Kriegsflüchtlingen vom 8. Februar 1917 (RGBl. S. 113).** Vom 26. Februar 1917 (RGBl. S. 192)
die Insel Helgoland und das Gebiet von Elsaß-Lothringen mit Ausnahme der Kreise Saargemünd, Weißenburg und Hagenau sowie des Kantons Forbach.

B. Bürgerliches Recht.

I. Allgemeiner Teil.

a) Todeserklärung Kriegsverschollener.

Die **Bekanntmachung über die Todeserklärung Kriegsverschollener vom 18. April 1916** (BRV.) (RGBl. S. 296) ist durch die **Bekanntmachung über das Verfahren bei der Todeserklärung Kriegsverschollener vom 9. August 1917** (BRV.) (RGBl. S. 702) geändert worden und in neuer Fassung durch **Bekanntmachung vom 9. August 1917** (RGBl. S. 703) bekanntgemacht worden.

Die Bekanntmachung gelangt hier nicht zum Abdruck (vgl. Guttentagsche Sammlung Nr. 124).

b) Verjährung.

1. Allgemeine Vorschriften.

Bekanntmachung über die Verjährungsfristen. (BRV.) Vom 22. Dezember 1914 (RGBl. S. 543).

§ 1. Die in den §§ 196, 197 BGB. bezeichneten Ansprüche [1]), die noch nicht verjährt sind, verjähren nicht vor dem Schlusse des Jahres 1915.

§ 2. Diese Verordnung tritt mit dem Tage ihrer Verkündung in Kraft.

---

[1]) Die Verordnung bezieht sich nur auf die zwei- und vierjährigen Fristen der §§ 196, 197 BGB., nicht dagegen auf die

Bekanntmachung über die Verjährungsfristen. (BRV.)
Vom 4. November 1915 (RGBl. S. 732).

Die in den §§ 196, 197 BGB. bezeichneten Ansprüche, die zur Zeit des Inkrafttretens der Verordnung über die Verjährungsfristen vom 22. Dezember 1914 (RGBl. S. 543) noch nicht verjährt waren, verjähren nicht vor dem Schlusse des Jahres 1916[1]). Dies gilt auch insoweit, als für die Ansprüche die Verjährungsfrist durch andere reichsgesetzliche Vorschriften als die der §§ 196, 197 BGB. geregelt ist[2]).

Verordnung über Verjährungsfristen des Seerechts. (BRV.)
Vom 9. Dezember 1915 (RGBl. S. 811).

Die in den §§ 901, 902 sowie im § 904 Abs. 2 HGB. (in der Fassung des Gesetzes vom 7. Januar 1913) (RGBl. S. 90) bezeichneten Ansprüche, die noch nicht verjährt sind, verjähren nicht vor dem Schlusse des Jahres 1916.

Diese Vorschrift findet keine Anwendung bei den Entschädigungsforderungen aus einem Zusammenstoße von Schiffen oder aus einem unter § 738 HGB. fallenden Ereignis sowie bei den Forderungen auf Berge- oder Hilfslohn.

---

sonstigen kurzen Verjährungsfristen des BGB., HGB. und anderer Gesetze. Zugunsten der Kriegsteilnehmer und ihrer Gegner gilt jedoch § 8 des Ges. v. 4. Aug. 1914, oben S. 26.

[1]) Über diesen Zeitpunkt hinaus sind die Verjährungsfristen durch Bek. v. 26. Okt. 1916 und 22. Nov. 1917 verlängert worden.

[2]) Die Bedeutung des zweiten Satzes ist nicht ganz klar. Nach der Begründung sollte zweifelsfrei ausgesprochen werden, daß auch diejenigen in den §§ 196, 197 BGB. genannten Ansprüche, deren Verjährung auch durch andere reichsgesetzliche Vorschriften geregelt ist, wie z. B. die Ansprüche der Schiffsbesatzung nach §§ 901, 902 HGB., nicht vor dem Schlusse des Jahres 1916 verjähren. Um jeden Zweifel bezüglich der genannten Ansprüche zu beseitigen, ist die — anschließend abgedruckte — Bek. ergangen.

Verordnung über die Verjährungsfristen. (BRV.)
Vom 26. Oktober 1916 (RGBl. S. 1198).

In der Verordnung über die Verjährungsfristen vom 4. November 1915 (RGBl. S. 732) und in der Verordnung über Verjährungsfristen des Seerechts vom 9. Dezember 1915 (RGBl. S. 811) tritt an die Stelle der Jahreszahl 1916 die Jahreszahl 1917.

Verordnung über die Verjährungsfristen. (BRV.)
Vom 22. November 1917 (RGBl. S. 1068).

Die Verordnungen über die Verjährungsfristen vom 4. November und vom 9. Dezember 1915 (RGBl. S. 732, 811) werden im Anschluß an die Verordnung vom 26. Oktober 1916 (RGBl. S. 1198) weiter dahin geändert, daß die Verjährung nicht vor dem Schlusse des Jahres 1918 vollendet wird.

2. Sondervorschriften zugunsten von Kriegsteilnehmern und ihrer Gegner.

Durch § 8 des Gesetzes vom 4. August 1914 (siehe S. 26) ist die Verjährung zugunsten der im § 2 des Gesetzes bezeichneten Personen und ihrer Gegner bis zur Beendigung des Kriegszustandes, welcher Zeitpunkt gemäß § 11 des Gesetzes durch Kaiserliche Verordnung bestimmt wird, oder des nach § 2 maßgebenden Verhältnisses gehemmt.

3. Sondervorschriften für Auslandsansprüche.

Die Verjährung der Ansprüche von Personen, die im Auslande ihren Wohnsitz haben, ist gemäß §§ 202, 203 BGB. gehemmt, da diese Ansprüche infolge der Bek. vom 7. August 1914 (siehe unten S. 124) gerichtlich nicht geltend gemacht werden können.

Das gleiche gilt für diejenigen vermögensrechtlichen Ansprüche, die den Zahlungsverboten gegen das feindliche Ausland (siehe dort; unten S. 132 ff.) unterliegen, da diese von der jeweiligen Fälligkeit ab als gestundet gelten.

c) Sicherheitsleistung.

Bekanntmachung über die Sicherheitsleistung mit Wertpapieren. (BRV.) Vom 22. Dezember 1914 (RGBl. S. 541).

§ 1. Für eine Sicherheitsleistung, für welche die Vorschriften der §§ 234, 236 BGB. oder des § 69 des Gesetzes über die Zwangsversteigerung und die Zwangsverwaltung gelten, sind Wertpapiere, die vor Ausbruch des Krieges einen Kurswert hatten, auch jetzt als Papiere mit Kurswert anzusehen.

Sind die Vorschriften der §§ 234, 236 BGB. maßgebend, so kann die Sicherheit in Höhe von drei Vierteilen des Kurswertes vom 25. Juli 1914 geleistet werden.

Sind die Vorschriften des § 69 des Gesetzes über die Zwangsversteigerung und die Zwangsverwaltung maßgebend, so kann die Sicherheit in Höhe des ganzen Kurswertes vom 25. Juli 1914 geleistet werden. Das Gericht kann auf Antrag nach freiem Ermessen die Sicherheitsleistung nur in Höhe eines geringeren Betrags für zulässig erklären.

Ist für ein Wertpapier am 25. Juli 1914 ein Kurs nicht notiert worden, so tritt der letzte vorher notierte Kurs an die Stelle.

§ 2. Die Vorschriften des § 1 finden auf die vom Reiche aus Anlaß des Krieges ausgegebenen Schuldverschreibungen entsprechende Anwendung. An die Stelle des Kurses vom 25. Juli 1914 tritt der Preis, zu dem die Ausgabe erfolgt ist.

§ 3. Diese Verordnung tritt mit dem Tage der Verkündung in Kraft.

II. Recht der Schuldverhältnisse.

a) Unverbindlichkeit der Goldklausel.

Bekanntmachung über die Unverbindlichkeit gewisser Zahlungsvereinbarungen. (BRV.) Vom 28. September 1914 (RGBl. S. 417).

§ 1. Die vor dem 31. Juli 1914 getroffenen Vereinbarungen, nach denen eine Zahlung in Gold zu erfolgen hat, sind bis auf weiteres nicht verbindlich.

§ 2. Diese Verordnung tritt mit dem Tage ihrer Verkündung in Kraft. Den Zeitpunkt des Außerkrafttretens bestimmt der Reichskanzler.

b) Bewilligung von Zahlungsfristen und Folgen der nicht rechtzeitigen Zahlung einer Geldforderung.

Die hierzu gehörigen Bekanntmachungen sind unten bei D II c S. 91ff. abgedruckt.

c) Abtretung von Forderungen gegen die Kriegskasse.

Bekanntmachung, betreffend die Abtretung und Pfändung der Forderungen an die Kriegskasse aus der Überlassung von Pferden, Fahrzeugen und Geschirren. (BRV.) Vom 12. August 1914 (RGBl. S. 370).

§ 1. Ist über eine Forderung, die einem Pferdebesitzer für die Überlassung eines Pferdes an die Militärbehörde gegen die Kriegskasse zusteht (§§ 25, 26 des Gesetzes über die Kriegsleistungen vom 13. Juni 1873, RGBl. S. 129) eine Urkunde, (sog. Anerkenntnis) ausgestellt, so ist zur Übertragung der Forderung außer dem Abtretungsvertrage die Übergabe der Urkunde erforderlich.

Zur Pfändung einer Forderung der im Abs. 1 bezeichneten Art ist außer dem Pfändungsbeschlusse die Übergabe der Urkunde erforderlich. Wird die Übergabe im Wege der Zwangsvollstreckung erwirkt, so gilt sie als erfolgt, wenn der Gerichtsvollzieher die Urkunde zum Zwecke der Ablieferung an den Gläubiger wegnimmt. Wird der Pfändungsbeschluß vor der Übergabe der Urkunde dem Drittschuldner zugestellt, so gilt die Pfändung diesem gegenüber mit der Zustellung als bewirkt.

Das gleiche gilt für die Forderungen, die für die Überlassung von Fahrzeugen oder Geschirren an die Militärbehörde entstanden sind und über die eine Urkunde ausgestellt ist.

§ 2. Diese Verordnung tritt mit dem Tage der Verkündung in Kraft.

d) Kauf.

Beschränkung des Verkaufs von Schiffen.

Siehe unter Seerecht S. 66ff.

e) Miete.

1. Kündigungsrecht der Hinterbliebenen und der Ehefrau eines Kriegsteilnehmers.

Siehe oben S. 32. Bekanntmachung vom 7. Okt. 1915.

2. Verpflichtung zur Räumung wegen Nichtzahlung des Mietzinses.

Siehe unten S. 95. Bekanntmachungen über die Folgen der nicht rechtzeitigen Zahlung einer Geldforderung.

3. Einschränkung der Verfügung über Miet- und Pachtzinsforderungen.

Gesetz zur Einschränkung der Verfügung über Miet- und Pachtzinsforderungen. Vom 8. Juni 1915 (RGBl. S. 327).

Art. 1. Das Gesetz über die Zwangsversteigerung und die Zwangsverwaltung (RGBl. 1898 S. 713) wird dahin geändert:

I. An die Stelle des § 57 treten folgende Vorschriften:

§ 57. Ist das Grundstück einem Mieter oder Pächter überlassen, so finden die Vorschriften der §§ 571, 572, des § 573 Satz 1 und der §§ 574, 575 BGB. nach Maßgabe der §§ 57a und 57b entsprechende Anwendung.

§ 57a. Der Ersteher ist berechtigt, das Mietverhältnis unter Einhaltung der gesetzlichen Frist zu kündigen. Die Kündigung ist ausgeschlossen, wenn sie nicht für den ersten Termin erfolgt, für den sie zulässig ist.

§ 57b. Soweit nach den Vorschriften des § 573 Satz 1 und der §§ 574, 575 BGB. für die Wirkung von Verfügungen und Rechtsgeschäften über den Miet- oder Pachtzins der Übergang des Eigentums in Betracht kommt, ist an dessen Stelle die Beschlagnahme des Grundstücks maßgebend. Ist dem Mieter oder Pächter der Beschluß, durch den die Zwangsversteigerung angeordnet wird, zugestellt, so gilt mit der Zustellung die Beschlagnahme als dem Mieter oder Pächter bekannt; die Zustellung erfolgt auf Antrag des Gläubigers an die von ihm bezeichneten Personen. Dem Beschluß soll eine Belehrung über die Bedeutung der Beschlagnahme für den Mieter oder Pächter beigefügt werden. Das Gericht hat auf Antrag des Gläubigers zur Feststellung der Mieter und Pächter eines Grundstücks Ermittlungen zu veranlassen; es kann damit einen Gerichtsvollzieher oder einen sonstigen Beamten beauftragen, auch die zuständige Behörde um Mitteilung der ihr bekannten Mieter und Pächter ersuchen.

Der Beschlagnahme zum Zwecke der Zwangsversteigerung steht die Beschlagnahme zum Zwecke der Zwangsverwaltung gleich, wenn sie bis zum Zuschlag fortgedauert hat. Ist dem Mieter oder Pächter der Beschluß, durch den ihm verboten wird, an den Schuldner zu zahlen, zugestellt, so gilt mit der Zustellung die Beschlagnahme als dem Mieter oder Pächter bekannt.

Auf Verfügungen und Rechtsgeschäfte des Zwangsverwalters finden diese Vorschriften keine Anwendung.

II. Der § 183 erhält folgende Fassung:

Im Falle der Vermietung oder Verpachtung des Grundstücks finden die in den §§ 57a und 57b vorgesehenen Maßgaben keine Anwendung.

Art. 2. Das Bürgerliche Gesetzbuch (RGBl. 1896 S. 195) wird dahin abgeändert:

I. Im § 573 Satz 1 werden die Worte „und das folgende" gestrichen; ferner wird folgender neue Halbsatz hinzugefügt:

erfolgt der Übergang des Eigentums innerhalb des letzten halben Monats eines Kalendervierteljahres, so ist die Verfügung auch insoweit wirksam, als sie sich auf den Mietzins für das folgende Kalendervierteljahr bezieht.

II. Im § 575 Satz 1 werden die Worte „soweit es sich nicht auf den Mietzins für eine spätere Zeit als das Kalendervierteljahr, in welchem der Mieter von dem Übergange des Eigentums Kenntnis erlangt, und das folgende Vierteljahr bezieht" ersetzt durch die Worte „soweit es sich nicht auf den Mietzins für eine spätere Zeit als das Kalendervierteljahr bezieht, in welchem der Mieter von dem Übergange des Eigentums Kenntnis erlangt"; ferner wird folgender neue Halbsatz hinzugefügt:

erlangt der Mieter die Kenntnis innerhalb des letzten halben Monats eines Kalendervierteljahres, so ist das Rechtsgeschäft auch insoweit wirksam, als es sich auf den Mietzins für das folgende Kalendervierteljahr bezieht.

III. Im § 1123 Abs. 2 Satz 2 werden die Worte „und das folgende" gestrichen; ferner wird folgender neue Halbsatz hinzugefügt:

erfolgt die Beschlagnahme innerhalb des letzten halben Monats eines Kalendervierteljahres, so erstreckt sich die Befreiung auch auf den Miet- oder Pachtzins für das folgende Kalendervierteljahr.

IV. Im § 1124 Abs. 2 werden die Worte „und das folgende" gestrichen; ferner wird folgender neue Halbsatz hinzugefügt:

erfolgt die Beschlagnahme innerhalb des letzten halben Monats eines Kalendervierteljahres, so ist die Verfügung jedoch insoweit wirksam, als sie sich auf den Miet- oder Pachtzins für das folgende Kalendervierteljahr bezieht.

Art. 3. Die Konkursordnung (RGBl. 1898 S. 612) wird dahin geändert:

I. Im § 21 Abs. 2 Satz 1 werden die Worte „und das folgende" gestrichen; ferner wird folgender neue Halbsatz hinzugefügt:

erfolgt die Konkurseröffnung innerhalb des letzten halben Monats eines Kalendervierteljahres, so ist die Verfügung auch insoweit wirksam, als sie sich auf den Miet- oder Pachtzins für das folgende Kalendervierteljahr bezieht.

II. Der § 21 Abs. 3 erhält folgenden Satz 3:
die Vorschriften des § 57b des Gesetzes über die Zwangsversteigerung und Zwangsverwaltung bleiben jedoch außer Betracht.

Art. 4. Für die Wirkung von Verfügungen oder Rechtsgeschäften, die vor dem Inkrafttreten dieses Gesetzes in Ansehung der Miet- oder Pachtzinsforderungen vorgenommen sind, bleiben die im Art. 2 und im Art. 3 unter I bezeichneten Vorschriften bis zum Ablauf des dem Inkrafttreten dieses Gesetzes folgenden Kalendervierteljahres in der bisherigen Fassung maßgebend.

Ist das Miet- oder Pachtverhältnis vor dem Inkrafttreten dieses Gesetzes begründet worden, so bleiben für die Wirksamkeit von Rechtsgeschäften, die zwischen dem Mieter oder Pächter und dem Vermieter oder Verpächter in Ansehung der Miet- oder Pachtzinsforderung vorgenommen werden, die im Art. 2 und im Art. 3 unter I bezeichneten Vorschriften in der bisherigen Fassung maßgebend, soweit es sich um den Miet- oder Pachtzins für die Zeit bis zu dem ersten Termin handelt, für den die Kündigung des Miet- oder Pachtverhältnisses zulässig ist.

Art. 6. Dieses Gesetz tritt am 20. Juni 1915 in Kraft.

4. Mieterschutz.

Bekanntmachung zum Schutze der Mieter. (BRV.) Vom 26. Juli 1917 (RGBl. S. 659).

§ 1. Ist im Bezirk einer Gemeindebehörde ein Einigungsamt errichtet (§ 1 der Verordnung, betreffend Einigungsämter, vom 15. Dezember 1914, RGBl. S. 511)[1]), so kann die Landeszentralbehörde das Einigungsamt ermächtigen,

1. auf Anrufen eines Mieters über die Wirksamkeit einer nach dem 1. Juni 1917 erfolgten Kündigung des Vermieters, über die Fortsetzung des gekündigten Mietverhält-

[1]) Siehe unten S. 104.

nisses und ihre Dauer sowie über eine Erhöhung des Mietzinses im Falle der Fortsetzung zu bestimmen;

2. auf Anrufen eines Vermieters einen mit einem neuen Mieter abgeschlossenen Mietvertrag, dessen Erfüllung von einer Entscheidung gemäß Nr. 1 betroffen wird, mit rückwirkender Kraft aufzuheben.

Die Erteilung der Ermächtigung ist von der Gemeindebehörde in ortsüblicher Weise bekanntzumachen.

§ 2. Der Antrag des Mieters (§ 1 Abs. 1 Nr. 1) ist unverzüglich, nachdem die Kündigung ihm zugegangen ist, oder wenn die Ermächtigung nach § 1 später erteilt ist, unverzüglich nach der Bekanntgabe der Erteilung (§ 1 Abs. 2) zu stellen. Der Antrag kann nicht mehr gestellt werden, wenn die Mietzeit abgelaufen ist oder die Parteien die Fortsetzung des Mietverhältnisses vereinbart haben.

§ 3. Das Einigungsamt entscheidet nach billigem Ermessen. Vor der Entscheidung kann es eine einstweilige Anordnung erlassen. Seine Entscheidungen sind unanfechtbar.

Wird die Fortsetzung des Mietverhältnisses angeordnet, so gelten die Bestimmungen des Einigungsamts als vereinbarte Bestimmungen des Mietvertrags.

§ 4. Das Einigungsamt entscheidet in der Besetzung von einem Vorsitzenden und mindestens zwei Beisitzern. Der Vorsitzende muß zum Richteramt oder höheren Verwaltungsdienste befähigt sein; die Beisitzer müssen zur Hälfte dem Kreise der Hausbesitzer, zur Hälfte dem der Mieter angehören. Das Nähere über die Besetzung bestimmt die Landeszentralbehörde.

§ 5. Die Anwendung dieser Verordnung kann durch Vereinbarung der Parteien nicht ausgeschlossen oder beschränkt werden.

§ 6. Die Landeszentralbehörden können die Gemeinden zur Errichtung von Einigungsämtern anhalten, die den Vorschriften des § 4 entsprechen.

§ 7. Die Landeszentralbehörden können, soweit Einigungsämter nicht errichtet sind, die im § 1 vorgesehenen Befugnisse einer anderen Stelle übertragen, wenn die Zusammensetzung dieser Stelle den Vorschriften des § 4 entspricht[1]).

§ 8. Auf das Verfahren vor dem Einigungsamte (§§ 1, 6, 7) finden die Vorschriften der Verordnung, betreffend Einigungsämter, vom 15. Dezember 1914 (RGBl. S. 511) keine Anwendung. Das Verfahren ist gebührenfrei; das Einigungsamt bestimmt, wer die baren Auslagen des Verfahrens zu tragen hat. Im übrigen wird das Verfahren durch den Reichskanzler geregelt.

§ 9. Diese Verordnung tritt mit dem Tage der Verkündung in Kraft. Der Reichskanzler bestimmt den Zeitpunkt des Außerkrafttretens.

Anordnung für das Verfahren vor den Einigungsämtern.
(RKB.) Vom 26 Juli 1917 (RGBl. S. 661).

Auf Grund des § 8 der Verordnung zum Schutze der Mieter vom 26. Juli 1917 (RGBl. S. 659) wird über das Verfahren vor den Einigungsämtern folgendes bestimmt:

§ 1. Die Einigungsämter[2]) sind berufen, in den im § 1 der Verordnung zum Schutze der Mieter bezeichneten Fällen endgültig zu entscheiden.

Die Mitglieder des Einigungsamtes sind vor ihrem Amtsantritte durch Handschlag an Eidesstatt zu treuer und gewissenhafter Führung ihres Amtes zu verpflichten. Sie sind zur Amtsverschwiegenheit verpflichtet.

§ 2. Der Antrag auf Entscheidung ist an das Einigungsamt zu richten, in dessen Bezirke sich die Mietsache befindet.

Der Antrag ist schriftlich oder zu Protokoll des Schriftführers des Einigungsamts zu stellen. Er soll unter Darlegung der Sachlage und Angabe der Beweismittel kurz begründet werden; der Antragsteller soll die ihm zugänglichen Beweisurkunden, insbesondere Vertragsurkunden und Briefe beifügen.

---

[1]) Abs. 2 siehe Bek. v. 15. Sept. 1917, siehe unten S. 49.

[2]) Siehe unten S. 104.

§ 3. Das Einigungsamt verhandelt und entscheidet in nichtöffentlicher Sitzung.

§ 4. Vor der Entscheidung ist der Gegner des Antragstellers zu hören.

Der Vorsitzende kann anordnen, daß eine mündliche Verhandlung mit den Parteien stattfindet. Er kann das persönliche Erscheinen der Parteien anordnen; er kann andere Personen, die ein rechtliches Interesse an der Entscheidung haben, zu der Verhandlung zulassen.

§ 5. Die Parteien sind von Ort und Zeit der Sitzung zu benachrichtigen. Wird mündliche Verhandlung angeordnet, so sind sie zu dieser zu laden.

Die Ladung erfolgt durch eingeschriebenen Brief. Der Vorsitzende kann eine andere Art der Ladung anordnen.

Die Parteien können sich in der mündlichen Verhandlung, soweit nicht das persönliche Erscheinen angeordnet ist, durch eine mit schriftlicher Vollmacht versehene Person vertreten lassen; sind sie oder ihre Vertreter trotz rechtzeitiger Ladung nicht erschienen, so wird gleichwohl in der Sache verhandelt und entschieden.

§ 6. Das Einigungsamt kann den Beteiligten aufgeben, binnen einer bestimmten Frist Tatsachen zur weiteren Aufklärung des Sachverhalts anzugeben und Beweismittel, insbesondere Urkunden vorzulegen oder Zeugen zu stellen.

Bei Versäumung der Frist kann das Einigungsamt nach Lage der Sache ohne Berücksichtigung der nicht beigebrachten Beweismittel entscheiden.

§ 7. Das Einigungsamt kann auf Antrag oder von Amtswegen Beweise erheben, insbesondere Zeugen und Sachverständige eidlich vernehmen sowie Versicherungen an Eidesstatt entgegennehmen.

Auf die Erledigung des Zeugen- und Sachverständigenbeweises finden die Vorschriften der Zivilprozeßordnung entsprechende Anwendung. Die Zeugen und Sachverständigen erhalten Gebühren nach Maßgabe der Gebührenordnung für Zeugen und Sachverständige (RGBl. 1898 S. 689; 1914 S. 214).

Die Gerichts- und Verwaltungsbehörden haben innerhalb ihrer Zuständigkeit den Ersuchen der Einigungsämter um Aufnahme von Beweisen zu entsprechen. Auf die von den Gerichten zu leistende Rechtshilfe finden die Vorschriften des dreizehnten Titels des Gerichtsverfassungsgesetzes entsprechende Anwendung.

§ 8. Das Einigungsamt kann vor der Entscheidung einstweilige Anordnungen erlassen.

§ 9. Die Befugnisse aus den §§ 6, 7, 8 stehen außerhalb der Sitzungen dem Vorsitzenden zu.

§ 10. Zu den Verhandlungen wird ein Schriftführer zugezogen, der vom Vorsitzenden durch Handschlag an Eidesstatt zu treuer und gewissenhafter Führung seines Amtes verpflichtet wird.

Über die Verhandlungen wird eine Niederschrift aufgenommen, die von dem Vorsitzenden und dem Schriftführer zu unterzeichnen ist. Sie soll Ort und Tag der Verhandlung, die Bezeichnung der mitwirkenden Personen und der Beteiligten sowie das Ergebnis der Verhandlung enthalten. Sie soll den anwesenden Beteiligten vorgelesen oder zur Durchsicht vorgelegt und von ihnen unterschrieben werden.

§ 11. Die Entscheidung des Einigungsamts erfolgt durch Beschluß. Der Beschluß enthält die Namen der Mitglieder, die bei der Entscheidung mitgewirkt haben, und ist von dem Vorsitzenden zu unterschreiben.

§ 12. Die Beschlüsse (§ 11) und die Anordnungen auf Grund des § 8 sind von dem Schriftführer auszufertigen; er bescheinigt die Übereinstimmung mit der Urschrift.

Die Beschlüsse sind den Beteiligten, soweit sie nicht in deren Gegenwart verkündet sind, in der im § 5 Abs. 2 vorgeschriebenen Weise mitzuteilen.

§ 13. Für das Verfahren werden Gebühren nicht erhoben.

Das Einigungsamt bestimmt, wer die baren Auslagen des Verfahrens zu tragen hat und setzt die Höhe der Auslagen fest. Die Entscheidung hierüber ist vollstreckbar. Die Vollstreckung richtet sich nach den Vorschriften über die Beitreibung von Gemeindeabgaben.

Die Parteien haben keinen Anspruch auf Erstattung ihrer Auslagen.

Bekanntmachung, betreffend Änderung der Bekanntmachung zum Schutze der Mieter vom 26. Juli 1917. (BRV.) Vom 15. September 1917 (RGBl. S. 834).

Art. I. Dem § 7 der Verordnung zum Schutze der Mieter vom 26. Juli 1917 (RGBl. S. 659) wird folgender Abs. 2 angefügt:

Solange im Bezirk einer Gemeinde die im § 1 vorgesehenen Befugnisse weder einem Einigungsamte noch einer anderen Stelle übertragen sind, sind die Amtsgerichte für die im § 1 Abs. 1 Nr. 1, 2 bezeichneten Entscheidungen zuständig; die Vorschriften des § 4 finden keine Anwendung.

Art. II. Diese Verordnung tritt mit dem Tage der Verkündung in Kraft.

Anordnung für das Verfahren vor den Amtsgerichten in Mieteinigungssachen. (RKV.) Vom 15. Sept. 1917 (RGBl. S. 834).

Auf Grund des § 8 der Verordnung zum Schutze der Mieter vom 26. Juli 1917 (RGBl. S. 659) wird bestimmt:

Die Anordnung für das Verfahren vor den Einigungsämtern vom 26. Juli 1917 (RGBl. S. 661) findet auf das Verfahren vor den Amtsgerichten, soweit sie für die im § 1 Abs. 1 Nr. 1, 2 der Verordnung zum Schutze der Mieter vom 26. Juli 1917 (RGBl. S. 659) bezeichneten Entscheidungen zuständig sind, mit folgenden Maßgaben entsprechende Anwendung:

1. An die Stelle des Schriftführers tritt der Gerichtsschreiber.

2. Die Vollstreckung der Entscheidung über die baren Auslagen des Verfahrens richtet sich nach den Vorschriften über die Beitreibung von Gerichtskosten.

Bekanntmachung über Sammelheizungs- und Warmwasserversorgungsanlagen in Mieträumen. (BRV.) Vom 2. Nov. 1917 (RGBl. S. 989).

§ 1. Gemeinden mit mehr als zwanzigtausend Einwohnern sind verpflichtet, andere Gemeinden sind berechtigt, Schiedsstellen zu errichten, welche die in den §§ 2 bis 7 festgesetzten Befugnisse haben. Die Landeszentralbehörden oder die von ihnen bestimmten Behörden können die Errichtung von Schiedsstellen auch in Gemeinden, die nicht mehr als zwanzigtausend Einwohner haben, anordnen. Schiedsstelle kann auch ein Einigungsamt oder die amtliche Stelle sein, der die Unterverteilung der Hausbrandkohlen obliegt.

Die Errichtung der Schiedsstelle ist von der Gemeindebehörde in ortsüblicher Weise bekanntzumachen.

Die Landeszentralbehörde oder die von ihr bestimmte Behörde kann Bestimmungen über die Zusammensetzung der Schiedsstelle erlassen.

§ 2. Die Schiedsstelle kann bestimmen,

1. in welcher Weise ein Vermieter die Menge von Heizstoffen, die er nach Anordnung der zuständigen Behörde während des Winters 1917/18 verwenden darf, auf bestimmte Zeiträume (Monate, Wochen, Tage) zu verteilen und in welchem Umfang er die Sammelheizungs- und Warmwasserversorgungsanlagen der Mieträume in Betrieb zu halten hat;

2. ob und in welcher Höhe der Mieter einen Anspruch auf Minderung des Mietzinses oder der besonderen Vergütung für die Heizung oder Warmwasserversorgung geltend machen kann, wenn die durch Anordnungen der zuständigen Behörde oder durch Entscheidung der Schiedsstelle (Nr. 1) festgesetzten Leistungen des Vermieters an Heizung der

Mieträume und Lieferung von warmem Wasser hinter dem vertragsmäßigen Umfang dieser Leistungen zurückbleiben;

3. ob der Mieter, wenn die Voraussetzungen der Nr. 2 vorliegen, berechtigt ist, das Mietverhältnis ohne Einhaltung einer Kündigungsfrist zu kündigen.

Die Bestimmung kann durch allgemeine Anordnung oder auf Anrufen des Vermieters oder des Mieters im einzelnen Falle getroffen werden. Allgemeine Anordnungen sind von der Schiedsstelle in ortsüblicher Weise öffentlich bekanntzumachen.

§ 3. Die Schiedsstelle entscheidet nach billigem Ermessen. Ihre Entscheidung ist unanfechtbar.

Werden nach der Entscheidung von der zuständigen Behörde neue Anordnungen, insbesondere über die Zuteilung oder die Verwendung von Heizstoffen getroffen oder tritt sonst eine Änderung der bei Erlaß der Entscheidung bestehenden tatsächlichen Verhältnisse ein, so können die Beteiligten die Entscheidung der Schiedsstelle erneut anrufen.

§ 4. Die Bestimmungen der Schiedsstelle gelten als vereinbarte Bestimmungen des Mietvertrags. Soweit der Vermieter die Anordnungen der zuständigen Behörde und die Bestimmungen der Schiedsstelle über die Verwendung der Heizstoffe und den Betrieb der Sammelheizungs- und Warmwasserversorgungsanlagen erfüllt, sind weitergehende Ansprüche des Mieters ausgeschlossen.

§ 5. Hängt die Entscheidung eines Rechtsstreits ganz oder zum Teil von der Entscheidung der Schiedsstelle ab, so hat das Gericht auf Antrag einer Partei anzuordnen, daß die Verhandlung bis zur Entscheidung der Schiedsstelle auszusetzen sei.

§ 6. Ist eine Entscheidung gemäß § 2 Nr. 1 von dem Vermieter und dem Mieter oder von dem Vermieter gegen mehrere Mieter desselben Hauses oder von mehreren Mietern desselben Hauses beantragt, so kann die Schiedsstelle die Verhandlung und Entscheidung über die Anträge verbinden.

§ 7. Soweit diese Verordnung keine Vorschriften enthält, regelt der Reichskanzler das Verfahren vor der Schiedsstelle. Das Verfahren ist gebührenfrei; die Schiedsstelle bestimmt, wer die baren Auslagen des Verfahrens zu tragen hat.

§ 8. Die Anwendung dieser Verordnung kann durch Vereinbarung der Parteien nicht ausgeschlossen oder beschränkt werden.

§ 9. Diese Verordnung tritt mit dem Tage der Verkündung in Kraft.

Die Schiedsstelle kann die ihr übertragenen Bestimmungen mit rückwirkender Kraft vom 1. Oktober 1917 an treffen.

Die Zuständigkeit der Schiedsstellen und die Anwendung der Vorschriften dieser Verordnung wird nicht dadurch ausgeschlossen, daß ein die Ansprüche wegen Heizung von Mieträumen oder Lieferung von warmem Wasser betreffendes Verfahren vor den ordentlichen Gerichten anhängig ist.

Anordnung für das Verfahren vor den Schiedsstellen.

Vom 2. November 1917 (RGBl. S. 991).

Auf Grund des § 7 der Verordnung über Sammelheizungs- und Warmwasserversorgungsanlagen in Mieträumen vom 2. November 1917 (RGBl. S. 989) wird für das Verfahren vor den Schiedsstellen zur Entscheidung über Anträge von Vermietern oder Mietern folgendes bestimmt:

§ 1. Die Schiedsstellen sind berufen, in den im § 2 der Verordnung über Sammelheizungs- und Warmwasserversorgungsanlagen in Mieträumen bezeichneten Fällen endgültig zu entscheiden.

Die Mitglieder der Schiedsstellen sind vor ihrem Amtsantritte durch Handschlag an Eidesstatt zu treuer und gewissenhafter Führung ihres Amtes zu verpflichten. Sie sind zur Amtsverschwiegenheit verpflichtet.

§ 2. Der Antrag auf Entscheidung ist an die Schiedsstelle zu richten, in deren Bezirk sich die Mietsache befindet.

Der Antrag ist schriftlich oder zu Protokoll des Schriftführers der Schiedsstelle zu stellen. Er soll unter Darlegung der Sachlage und Angabe der Beweismittel kurz begründet werden; der Antragsteller soll die ihm zugänglichen Beweisurkunden, insbesondere Vertragsurkunden und Briefe beifügen.

§ 3. Die Schiedsstelle verhandelt und entscheidet in nichtöffentlicher Sitzung.

§ 4. Vor der Entscheidung ist der Gegner des Antragstellers zu hören.

Der Leiter der Schiedsstelle kann anordnen, daß eine mündliche Verhandlung mit den Parteien stattfindet. Er kann das persönliche Erscheinen der Parteien anordnen; er kann andere Personen, die ein rechtliches Interesse an der Entscheidung haben, zu der Verhandlung zulassen.

§ 5. Die Parteien sind von Ort und Zeit der Sitzung zu benachrichtigen. Wird mündliche Verhandlung angeordnet, so sind sie zu dieser zu laden.

Die Ladung erfolgt durch eingeschriebenen Brief. Der Leiter der Schiedsstelle kann eine andere Art der Ladung anordnen.

Die Parteien können sich in der mündlichen Verhandlung, soweit nicht das persönliche Erscheinen angeordnet ist, durch eine mit schriftlicher Vollmacht versehene Person vertreten lassen; sind sie oder ihre Vertreter trotz rechtzeitiger Ladung nicht erschienen, so wird gleichwohl in der Sache verhandelt und entschieden

§ 6. Die Schiedsstelle kann den Beteiligten aufgeben, binnen einer bestimmten Frist Tatsachen zur weiteren Aufklärung des Sachverhalts anzugeben und Beweismittel, insbesondere Urkunden vorzulegen oder Zeugen zu stellen.

Bei Versäumung der Frist kann die Schiedsstelle nach Lage der Sache ohne Berücksichtigung der nicht beigebrachten Beweismittel entscheiden.

§ 7. Die Schiedsstelle kann auf Antrag oder von Amtswegen Beweise erheben, insbesondere Zeugen und Sachverständige eidlich vernehmen sowie Versicherungen an Eidesstatt entgegennehmen.

Auf die Erledigung des Zeugen- und Sachverständigenbeweises finden die Vorschriften der Zivilprozeßordnung entsprechende Anwendung. Die Zeugen und Sachverständigen erhalten Gebühren nach Maßgabe der Gebührenordnung für Zeugen und Sachverständige (RGBl. 1898 S. 689; 1914 S. 214).

Die Gerichts- und Verwaltungsbehörden haben innerhalb ihrer Zuständigkeit den Ersuchen der Schiedsstellen um Aufnahme von Beweisen zu entsprechen. Auf die von den Gerichten zu leistende Rechtshilfe finden die Vorschriften des dreizehnten Titels des Gerichtsverfassungsgesetzes entsprechende Anwendung.

§ 8. Die Befugnisse aus den §§ 6, 7 stehen außerhalb der Sitzungen dem Leiter der Schiedsstelle zu.

§ 9. Zu den Verhandlungen wird ein Schriftführer zugezogen, der von dem Leiter der Schiedsstelle durch Handschlag an Eidesstatt zu treuer und gewissenhafter Führung seines Amtes verpflichtet wird.

Über die Verhandlungen wird eine Niederschrift aufgenommen, die von dem Leiter der Schiedsstelle und dem Schriftführer zu unterzeichnen ist. Sie soll Ort und Tag der Verhandlung, die Bezeichnung der mitwirkenden Personen und der Beteiligten sowie das Ergebnis der Verhandlung enthalten. Sie soll den anwesenden Beteiligten vorgelesen oder zur Durchsicht vorgelegt und von ihnen unterschrieben werden.

§ 10. Die Entscheidung der Schiedsstelle erfolgt durch Beschluß. Der Beschluß enthält die Namen der Mitglieder, die bei der Entscheidung mitgewirkt haben, und ist von dem Leiter der Schiedsstelle zu unterschreiben.

§ 11. Die Beschlüsse sind von dem Schriftführer auszufertigen; er bescheinigt die Übereinstimmung mit der Urschrift.

Die Beschlüsse sind den Beteiligten, soweit sie nicht in deren Gegenwart verkündet sind, in der im § 5 Abs. 2 vorgeschriebenen Weise mitzuteilen.

§ 12. Für das Verfahren werden Gebühren nicht erhoben.

Die Schiedsstelle bestimmt, wer die baren Auslagen des Verfahrens zu tragen hat, und setzt die Höhe der Auslagen fest. Die Vollstreckung richtet sich nach den Vorschriften über die Beitreibung von Gemeindeabgaben.

Die Parteien haben keinen Anspruch auf Erstattung ihrer Auslagen.

f) Schuldverschreibungen.

Bekanntmachung über die staatliche Genehmigung zur Ausgabe von Teilschuldverschreibungen und Vorzugsaktien. (BRV.)
Vom 8. März 1917 (RGBl. S. 220).

§ 1. Im Inland ausgestellte, auf Geld lautende Teilschuldverschreibungen mit bestimmtem Nennwert, die nach dem Verhältnis dieser Nennwerte zum Gesamtbetrage der aufgenommenen Schuld den Gläubigern im wesentlichen gleiche Rechte gewähren, dürfen bis auf weiteres nur mit staatlicher Genehmigung ausgegeben werden. Für die Schuldverschreibungen auf den Inhaber bewendet es bei den geltenden Vorschriften.

Inländische Gesellschaften dürfen bis auf weiteres solche Aktien, welche vorzugsweise vor den übrigen Aktien das Recht auf eine im voraus bestimmte, nach oben fest begrenzte Dividende gewähren, nur mit staatlicher Genehmigung ausgeben.

§ 2. Die Genehmigung wird durch die Zentralbehörde des Bundesstaats erteilt, in dessen Gebiete der Aussteller der Schuldverschreibungen seinen Wohnsitz oder seine gewerbliche Niederlassung oder die Gesellschaft ihren Sitz hat.

Die Gültigkeit der Schuldverschreibungen oder der Aktien wird durch den Mangel der Genehmigung nicht berührt.

§ 3. Wer den Vorschriften des § 1 zuwider Schuldverschreibungen oder Aktien ohne staatliche Genehmigung ausgibt oder den bei der Erteilung gemachten Auflagen zuwiderhandelt, wird mit einer Geldstrafe bestraft, die dem fünften Teil des Nennwerts der Schuldverschreibungen oder Aktien gleichkommen kann, die ohne staatliche Genehmigung ausgegeben sind, oder in bezug auf die den Auflagen zuwidergehandelt worden ist; die Strafe beträgt mindestens eintausend Mark.

§ 4. Die Verordnung tritt mit dem Tage der Verkündung in Kraft. Der Reichskanzler bestimmt den Zeitpunkt des Außerkrafttretens.

III. Sachenrecht.

Hypotheken, Grundschulden, Rentenschulden.

Unverbindlichkeit der Goldklausel, siehe Bek. v. 28. Sept. 1914 abgedruckt S. 39.

Zahlungsfristen und Vollstreckung von Hypotheken, Grundschulden und Rentenschulden, siehe unten S. 98 ff.

Löschung von Hypotheken und Grundschulden feindlicher Gläubiger ohne Vorlegung des Briefes, siehe Bek. v. 18. Jan. 1917, abgedruckt unten S. 167.

IV. Familienrecht.

Legitimation unehelicher Kinder von Kriegsteilnehmern, siehe Bek. v. 18. Januar 1917, abgedruckt oben S. 33.

C. Handels-, See-, Wechsel- und Scheckrecht.

I. Handelsrecht.

a) Vorzeitiges Inkrafttreten einer Vorschrift.

Bekanntmachung, betreffend das vorzeitige Inkrafttreten einer Vorschrift aus dem Gesetze vom 10. Juli 1914 zur Änderung der §§ 74, 75 usw. des Handelsgesetzbuches (RGBl. 1914 S. 209)[1]. (BRV.) Vom 10. September 1914 (RGBl. S. 404).

Der Bundesrat hat auf Grund des § 3 des Gesetzes über die Ermächtigung usw. beschlossen, den im Art. 1 § 75 Abs. 2 des Gesetzes vom 10. Juni 1914 (RGBl. S. 209) ausgesprochenen Grundsatz alsbald in Kraft zu setzen, und demgemäß folgende Verordnung erlassen:

Art. 1. Der § 75 Abs. 1 Satz 2 HGB. vom 10. Mai 1897 (RGBl. S. 219) wird für Dienstverhältnisse, die zur Zeit des Inkrafttretens dieser Verordnung noch nicht beendet sind, durch folgende Vorschrift ersetzt:

> Das gleiche gilt, wenn der Prinzipal das Dienstverhältnis kündigt, es sei denn, daß für die Kündigung ein erheblicher Anlaß in der Person des Gehilfen vorliegt oder daß sich der Prinzipal bei der Kündigung oder, falls die Kündigung zur Zeit des Inkrafttretens der Verordnung schon erfolgt war, unverzüglich nach dem Inkrafttreten bereit erklärt, während der Dauer der Beschränkung dem Gehilfen die vollen zuletzt von ihm bezogenen vertragsmäßigen Leistungen zu gewähren.

Art. 2. Diese Verordnung tritt mit dem Tage der Verkündung in Kraft.

Am 1. Januar 1915 tritt die Verordnung außer Kraft[2].

---

[1]) Betrifft die sog. Konkurrenzklausel.

[2]) Da das Gesetz vom 10. Juni 1914 mit diesem Zeitpunkt in Kraft getreten ist.

b) Veröffentlichung von Handelsregistereintragungen.

Bekanntmachung, betreffend die Veröffentlichung der Handelsregistereintragungen usw. (BRV.) Vom 11. Februar 1915 (RGBl. S. 71).

Der Bundesrat hat beschlossen, den Reichskanzler zu ermächtigen, bei Aktiengesellschaften und Gesellschaften mit beschränkter Haftung, die während des Krieges gegründet sind oder gegründet werden, auf Antrag über die Verpflichtung des Gerichts zur Veröffentlichung der Eintragungen im Handelsregister und der zu diesem eingereichten Schriftstücke, über die Einsicht des Registers und der Schriftstücke, über die Erteilung von Abschriften und Bescheinigungen sowie über die Verpflichtung des Vorstandes zur Veröffentlichung von Änderungen in den Personen der Mitglieder des Aufsichtsrats besondere Bestimmungen zu treffen.

Bekanntmachung, betreffend die Veröffentlichung der Handelsregistereintragungen usw. (BRV.) Vom 30. August 1917 (RGBl. S. 746).

I. Die Verordnung, betreffend die Veröffentlichung der Handelsregistereintragungen usw., vom 11. Februar 1915 (RGBl. S. 71) wird dahin ergänzt, daß hinter den Worten „über die Erteilung von Abschriften und Bescheinigungen" eingefügt wird „über die Prüfung des Herganges der Gründung einer Aktiengesellschaft durch Revisoren und über die Einsicht des von den Revisoren erstatteten Berichts, über die Bekanntmachung der Bilanz und der Gewinn- und Verlustrechnung, über die Einreichung der Bilanz und der Gewinn- und Verlustrechnung zum Handelsregister".

II. Diese Vorschrift tritt mit dem Tage der Verkündung in Kraft.

c) Recht der Aktiengesellschaften.

1. Staatliche Genehmigung zur Errichtung, Kapitalserhöhung und Ausgabe von Vorzugsaktien.

Bekanntmachung über die staatliche Genehmigung zur Errichtung von Aktiengesellschaften usw. (BRV.) Vom 2. Nov. 1917 (RGBl. S. 987).

§ 1. Eine staatliche Genehmigung ist bis auf weiteres erforderlich:

1. für die Errichtung einer Aktiengesellschaft, einer Kommanditgesellschaft auf Aktien oder einer Gesellschaftmit beschränkter Haftung, wenn das Grund- oder Stammkapital mehr als dreihunderttausend Mark beträgt. Werden die Aktien für einen höheren als den Nennbetrag ausgegeben, so ist der Betrag, für welchen die Ausgabe stattfindet, maßgebend;

2. für den Beschluß über die Erhöhung des Grundkapitals einer Aktiengesellschaft, einer Kommanditgesellschaft auf Aktien oder einer Gesellschaft mit beschränkter Haftung, wenn die Erhöhung allein oder in Verbindung mit anderen nach dem Inkrafttreten dieser Verordnung vorgenommenen Erhöhungen oder, falls die Gesellschaft erst nach dem Inkrafttreten dieser Verordnung errichtet worden ist, in Verbindung mit dem ursprünglichen Grund- oder Stammkapital die Summe von dreihunderttausend Mark übersteigt. Sollen die neuen Aktien für einen höheren als den Nennbetrag ausgegeben werden, so ist der Mindestbetrag, unter dem die Ausgabe nicht erfolgen soll, maßgebend;

3. für den Beschluß über die Ausgabe von Genußscheinen, welche bei einer Aktiengesellschaft oder einer Kommanditgesellschaft auf Aktien einen Anspruch auf Dividende oder im Falle der Auflösung der Gesellschaft einen Anspruch in bezug auf das zu verteilende Gesellschaftsvermögen gewähren sollen.

§ 2. Über den Antrag auf Genehmigung entscheidet die Zentralbehörde des Bundesstaats, in dessen Gebiet die Gesellschaft ihren Sitz hat oder haben soll. Der Reichskanzler kann bestimmen, daß die Genehmigung nur im Einvernehmen mit ihm oder mit einer von ihm beauftragten Stelle erteilt werden soll.

Der Anmeldung der Gesellschaft oder der Anmeldung der im § 1 Nr. 2, 3 bezeichneten Beschlüsse zur Eintragung in das Handelsregister ist die Genehmigungsurkunde beizufügen.

§ 3. Ist eine Gesellschaft ohne die nach § 1 erforderliche Genehmigung in das Handelsregister eingetragen, so kann sie gemäß den Vorschriften der §§ 142, 143 und des § 144 Abs. 3 des Gesetzes über die Angelegenheiten der freiwilligen Gerichtsbarkeit als nichtig gelöscht werden. Entsprechendes gilt, wenn die Erhöhung des Grund- oder Stammkapitals oder der Beschluß über die Erhöhung des Kapitals oder über die Ausgabe von Genußscheinen ohne die Genehmigung in das Handelsregister eingetragen ist.

Der Mangel der Genehmigung kann durch nachträgliche Erteilung der Genehmigung geheilt werden.

§ 4. Diese Verordnung tritt am 5. November 1917 in Kraft. Der Bundesrat bestimmt, wann sie außer Kraft tritt.

Ausführungsbestimmung, betreffend die staatliche Genehmigung zur Errichtung von Aktiengesellschaften usw. (RKB.)
Vom 2. November 1917 (RGBl. S. 988).

Auf Grund des § 2 Abs. 1 Satz 2 der Bekanntmachung über die staatliche Genehmigung zur Errichtung von Aktiengesellschaften usw. vom 2. November 1917 (RGBl. S. 987) wird hierdurch bestimmt, daß die Landeszentralbehörden die im § 1 Nr. 1 bis 3 der Bekanntmachung vorgesehene Genehmigung nur im Einvernehmen mit dem Reichsbankdirektorium erteilen sollen[1]).

Staatliche Genehmigung zur Ausgabe von Vorzugsaktien.

Siehe Bekanntmachung vom 8. Mai 1917 (oben S. 55).

---

[1]) Instruktionelle Vorschrift für die Landeszentralbehörde. Der Registerrichter hat nicht zu prüfen, ob die Genehmigung im Einvernehmen mit dem Reichsbankdirektorium erteilt worden ist.

2. Bekanntmachung zur Erleichterung der Einzahlung auf Aktien usw. (BRV.) Vom 24. Mai 1917 (RGBl. S. 431).

§ 1. Bei der Errichtung einer Aktiengesellschaft sowie bei der Erhöhung des Grundkapitals kann die Einzahlung des auf die Aktien eingeforderten Betrags (§ 195 Abs. 3, § 284 Abs. 3 HGB.) auch durch einen von der Reichsbank bestätigten Scheck[1]) oder durch Gutschrift auf ein Konto bei der Reichsbank oder auf ein Postscheckkonto erfolgen; in einem solchen Falle ist statt der Erklärung über die bare Einzahlung die Erklärung abzugeben, daß der Betrag in der bezeichneten Weise durch Scheck oder Gutschrift eingezahlt ist.

Statt der Erklärung, daß der eingeforderte Betrag im Besitze des Vorstandes ist, genügt die Erklärung, daß er in einem von der Reichsbank bestätigten Scheck oder in einer Gutschrift auf einem Konto bei der Reichsbank oder auf einem Postscheckkonto zur freien Verfügung des Vorstandes steht, die Verfügung insbesondere nicht durch Gegenforderungen beeinträchtigt ist.

§ 2. Die Vorschriften des § 1 finden entsprechende Anwendung auf Kommanditgesellschaften auf Aktien (§ 320 Abs. 3, § 323 Abs. 2 HGB.) sowie auf Versicherungsvereine auf Gegenseitigkeit (§ 22 Abs. 2, § 31 Abs. 1 Nr. 4 des Gesetzes über die privaten Versicherungsunternehmungen vom 12. Mai 1901 (RGBl. S. 139).

§ 3. Diese Verordnung tritt am 1. Juni 1917 in Kraft. Der Reichskanzler bestimmt, wann sie außer Kraft tritt.

3. Bekanntmachung, betreffend die Bilanzen von Aktiengesellschaften usw., die Vermögen im Ausland oder in den Schutzgebieten haben. (BRV.) Vom 25. Febr. 1915 (RGBl. S. 123).

§ 1. Läßt sich bei einer Aktiengesellschaft, Kommanditgesellschaft auf Aktien oder Gesellschaft mit beschränkter Haftung, die ihr Geschäft zu einem erheblichen Teile in oder mit dem Ausland oder den deutschen Schutzgebieten betreibt oder

---

[1]) Siehe Bek. v. 31. Aug. 1916 unten S. 83.

von deren Vermögen sich erhebliche Teile dort befinden, infolge der durch den Krieg herbeigeführten Unsicherheit über die dortigen tatsächlichen oder rechtlichen Verhältnisse der Stand des Vermögens und der Schulden, auch mit Hilfe von Schätzungen, nicht darstellen, so kann auf Antrag der Gesellschaft die Landeszentralbehörde, in deren Bezirke die Gesellschaft ihren Sitz hat, die Frist, innerhalb deren nach dem Gesetz oder dem Gesellschaftsvertrage die Bilanz, die Gewinn- und Verlustrechnung und der Geschäftsbericht aufzustellen sowie dem Aufsichtsrate, der Generalversammlung oder Gesellschafterversammlung vorzulegen sind, verlängern oder für das abgelaufene Geschäftsjahr von der Verpflichtung zur Aufstellung und Vorlegung Befreiung gewähren. Die Landeszentralbehörde kann auf Antrag auch für die Abhaltung der im Gesellschaftsvertrage vorgesehenen ordentlichen Generalversammlung oder Gesellschafterversammlung Fristverlängerung oder Befreiung gewähren.

Die Entscheidung der Landeszentralbehörde ist für die Gerichte bindend.

§ 2. Die Vorschriften des § 1 finden auf Gesellschaften, denen nach § 11 des Schutzgebietsgesetzes (RGBl. 1900 S. 813) die Rechtsfähigkeit verliehen ist, entsprechende Anwendung.

Die Entscheidung über den Antrag erfolgt bei ihnen durch den Reichskanzler. Das gleiche gilt für Gesellschaften der im § 1 bezeichneten Art, die ihren Sitz in den Schutzgebieten oder in den Konsulargerichtsbezirken haben.

§ 3. Diese Verordnung tritt mit dem Tage der Verkündung in Kraft. Der Reichskanzler bestimmt, wann sie außer Kraft tritt.

4. Bekanntmachung, betreffend die zeitweilige Außerkraftsetzung einzelner Vorschriften des Handelsgesetzbuches usw. (BRV.) Vom 8. August 1914 (RGBl. S. 365).

§ 1. Die nachstehenden Vorschriften werden, soweit sie die Verpflichtung, bei Zahlungsunfähigkeit einer Gesellschaft oder einer Genossenschaft die Eröffnung des Konkursverfahrens zu beantragen, sowie das Verbot von Zahlungen nach Eintritt der Zahlungsunfähigkeit betreffen, bis auf weiteres außer Kraft gesetzt:

1. die Vorschriften des § 240 Abs. 2, des § 241 Abs. 3, 4, des § 249 Abs. 3, des § 298 Abs. 2, des § 315, des § 325 Nr. 8 des Handelsgesetzbuchs;

2. die Vorschriften der §§ 64, 71, 84 des Gesetzes, betreffend die Gesellschaften mit beschränkter Haftung;

3. die Vorschriften der §§ 99, 118, 142, 148 des Gesetzes, betreffend die Erwerbs- und Wirtschaftsgenossenschaften.

§ 2. Diese Verordnung tritt mit dem Tage der Verkündung in Kraft.

d) Recht der Gesellschaften mit beschränkter Haftung.

1. Bekanntmachung über die Ladung zur Gesellschafterversammlung einer Gesellschaft mit beschränkter Haftung. (BRB.) Vom 8. Oktober 1914 (RGBl. S. 428).

§ 1. Kann ein Gesellschafter zu der Versammlung der Gesellschafter einer Gesellschaft mit beschränkter Haftung infolge des Krieges durch eingeschriebenen Brief nicht geladen werden[1]) und ist die Bestellung eines zur Entgegennahme der Ladung berechtigten Pflegers nach den Bestimmungen des Bürgerlichen Gesetzbuchs nicht möglich, so kann auf Antrag eines Beteiligten das Amtsgericht, in dessen Bezirke die Gesellschaft ihren Sitz hat, einen Vertreter zur Entgegennahme der Ladung sowie zur Ausübung der Rechte des Gesellschafters bei der Beschlußfassung bestellen. Der Vertreter kann auch zur Ausübung sonstiger dem Gesellschafter in bezug auf die Führung der Geschäfte zustehender Rechte ermächtigt werden. Die Vertretung ist aufzuheben, wenn das Bedürfnis weggefallen ist.

---

[1]) Was nach § 51 des G.-m.-b.-H.-Gesetzes vom 20. April 1892 erforderlich ist.

Die Wirksamkeit der von oder gegenüber dem Vertreter vorgenommenen Rechtshandlungen kann nicht deshalb in Frage gestellt werden, weil die Voraussetzungen der Bestellung nicht vorgelegen haben.

Ist ein Vertreter oder ein Pfleger bestellt, so kann das im Abs. 1 bezeichnete Gericht die Frist, mit der die Ladung des Vertreters oder Pflegers zu bewirken ist[1]), verlängern.

Gerichtsgebühren werden nicht erhoben.

§ 2. Diese Verordnung tritt mit dem Tage der Verkündung in Kraft.

2. Außerkrafttreten einzelner Vorschriften.

Die Vorschriften der §§ 64, 71, 84 des Gesetzes, betreffend die G. m. b. H. sind nach Maßgabe der Bekanntmachung vom 8. August 1914 (siehe oben S. 62) bis auf weiteres außer Kraft gesetzt worden.

3. Staatliche Genehmigung.

Für die Errichtung einer G. m. b. H. und den Beschluß über die Erhöhung des Grundkapitals ist gemäß Bekanntmachung vom 2. November 1917 (oben S. 59) staatliche Genehmigung erforderlich, wenn das Grund- oder Stammkapital — auch nach der Erhöhung — dreihunderttausend Mark übersteigt.

e) Genossenschaftsrecht.

1. Bekanntmachung, betreffend die Revision der eingetragenen Genossenschaften. (BRV.) Vom 8. Sept. 1914 (RGBl. S. 400).

§ 1. Die Frist, innerhalb deren nach § 53 des Gesetzes, betreffend die Erwerbs- und Wirtschaftsgenossenschaften (RGBl. 1898 S. 810), die Einrichtungen der eingetragenen Genossenschaften und ihre Geschäftsführung einer Prüfung durch einen Revisor zu unterwerfen sind, wird bis auf weiteres um vier Monate verlängert.

§ 2. Diese Verordnung tritt mit dem Tage der Verkündung in Kraft.

---

[1]) Nach § 51 des Ges. mindestens eine Woche.

2. Bekanntmachung über die Vertretung eines Genossen in der Generalversammlung einer Erwerbs- und Wirtschaftsgenossenschaft und über das Ausscheiden aus der Genossenschaft.
(BRV.) Vom 17. Dezember 1914 (RGBl. S. 518).

§ 1. Gehört ein Genosse einer eingetragenen Genossenschaft zu den Personen, die im § 2 des Gesetzes, betreffend den Schutz der infolge des Krieges an Wahrnehmung ihrer Rechte behinderten Personen, vom 4. August 1914 (RGBl. S. 328) bezeichnet sind, so kann er sein Stimmrecht in der Generalversammlung durch einen Bevollmächtigten ausüben. Für die Vollmacht ist die schriftliche Form erforderlich und genügend. Ein Bevollmächtigter kann mehr als einen Genossen vertreten.

§ 2. Ist bei dem Gerichte, das die Liste der Genossen führt, infolge des Krieges ein, wenngleich nur vorübergehender, Stillstand der Rechtspflege eingetreten, so gilt, falls die Tatsache, die gemäß §§ 65 bis 68 des Gesetzes, betreffend die Erwerbs- und Wirtschaftsgenossenschaften, das Ausscheiden eines Genossen begründet, nicht bis zum Schlusse des Geschäftsjahrs, zu dem das Ausscheiden erfolgen soll, in die Liste eingetragen ist, das Ausscheiden auch ohne Eintragung mit dem Schlusse dieses Geschäftsjahrs als erfolgt. Unter der gleichen Voraussetzung findet, falls der Tod eines Genossen nicht bis zum Schlusse des Geschäftsjahrs in der Liste der Genossen eingetragen ist, die im § 125 Abs. 2 des Gesetzes gegebene Vorschrift über die Haftung des Erben für die bis zum Tage der Eintragung von der Genossenschaft eingegangenen Verbindlichkeiten keine Anwendung.

Die im § 69 des Gesetzes bezeichnete Verpflichtung des Vorstandes, die Eintragung in die Liste zu veranlassen, wird durch die Vorschriften des Abs. 1 nicht berührt; konnte der Vorstand der Verpflichtung nicht bis zu dem im § 69 bezeichneten Zeitpunkt nachkommen, so hat er das Ausscheiden in dem von ihm geführten Verzeichnis der Genossen zu vermerken und das zur Eintragung in die Liste Erforderliche unverzüglich nach Wegfall des Hindernisses nachzuholen.

§ 3. Die Verordnung tritt mit dem Tage der Verkündung in Kraft.

3. Außerkrafttreten einzelner Vorschriften.

Die Vorschriften der §§ 99, 118, 142, 148 des Gesetzes, betreffend die Erwerbs- und Wirtschaftsgenossenschaften sind nach Maßgabe der Bekanntmachung vom 8. August 1914 (siehe oben S. 62) bis auf weiteres außer Kraft gesetzt worden.

II. Seerecht.

a) Verbot des Verkaufs und der Vermietung von Schiffen an Nichtreichsangehörige.

1. Seeschiffe.

Bekanntmachung, betreffend Veräußerung von Kauffahrteischiffen an Nichtreichsangehörige. (BRV.) Vom 21. Okt. 1915 (RGBl. S. 685).

§ 1. Alle Rechtsgeschäfte, durch die das Eigentum an Kauffahrteischiffen (Gesetz vom 22. Juni 1899, § 1, RGBl. 1899 S. 319, RGBl. 1901 S. 184) ganz oder teilweise an Nichtreichsangehörige übertragen werden soll, sind verboten.

Das gleiche gilt für Kauffahrteischiffe, die sich für Rechnung eines Reichsangehörigen im Bau befinden[1]).

§ 2. Zuwiderhandlungen gegen diese Verordnung werden mit Gefängnis bis zu drei Jahren und mit Geldstrafe bis zu fünfzigtausend Mark oder mit einer dieser Strafen bestraft, sofern nicht nach anderen Strafgesetzen eine höhere Strafe verwirkt ist. Die Zuwiderhandlung ist auch strafbar, wenn ein Deutscher sie im Ausland begeht.

---

[1]) Der Abs. 2 ist geändert durch Bek. v. 17. Febr. 1916. Durch dieselbe Bek. ist ein neuer Abs. 3 hinzugefügt. Siehe unten S. 67.

Der Versuch ist strafbar.

§ 3. Der Reichskanzler kann Ausnahmen von dem Verbote des § 1 zulassen.

§ 4. Diese Verordnung tritt mit dem Tage der Verkündung in Kraft.

Der Reichskanzler bestimmt, wann und in welchem Umfang diese Verordnung außer Kraft tritt.

Bekanntmachung, betreffend Ergänzung der Verordnung über Veräußerung von Kauffahrteischiffen an Nichtreichsangehörige, vom 21. Oktober 1915 (RGBl. S. 685). (BRV.) Vom 17. Febr. 1916 (RGBl. S. 107).

Art. I. In der Verordnung über Veräußerung von Kauffahrteischiffen an Nichtreichsangehörige vom 21. Oktober 1915 (RGBl. S. 685) werden folgende Änderungen vorgenommen:

1. Der § 1 Abs. 2 erhält fogende Fassung:

Das gleiche gilt für Kauffahrteischiffe, die für Rechnung eines Reichsangehörigen gebaut oder für Rechnung eines Nichtreichsangehörigen deutschen Werften in Bau gegeben werden.

2. Der § 1 erhält folgenden Abs. 3:

Ferner sind verboten alle die Beförderung von Gütern bezweckenden Miet- oder Frachtverträge, die sich auf Schiffe der im Abs. 1, 2 bezeichneten Art mit einem Bruttoraumgehalt über 500 Registertons beziehen, und durch die zusammen mehr als der dritte Teil des Nettoraumgehalts oder der Tragfähigkeit des einzelnen Schiffes in Anspruch genommen wird, soweit die Beförderung nicht ausschließlich von oder nach Häfen des Inlandes oder der deutschen Schutzgebiete erfolgen soll.

Art. II. Die Verordnung tritt mit dem Tage der Verkündung in Kraft.

2. Binnenschiffe.

Bekanntmachung, betreffend Veräußerung von Binnenschiffen an Nichtreichsangehörige. (BRV.) Vom 26. Juni 1916 (RGBl. S. 587).

§ 1. Alle Rechtsgeschäfte, durch die das Eigentum eines zur Schiffahrt auf Flüssen oder sonstigen Binnengewässern bestimmten Schiffes ganz oder teilweise von einem Reichsangehörigen an einen Nichtreichsangehörigen übertragen werden soll, sind verboten.

Das gleiche gilt für Rechtsgeschäfte, durch die das Eigentum von Schiffen, die zur Schiffahrt auf Flüssen oder sonstigen Binnengewässern bestimmt sind und für Rechnung eines Reichsangehörigen gebaut oder für Rechnung eines Nichtreichsangehörigen deutschen Werften in Bau gegeben werden, an Nichtreichsangehörige übertragen werden soll.

Ferner sind für die im Abs. 1 bezeichneten Schiffe, die in ein deutsches Schiffsregister eingetragen sind und eine Tragfähigkeit von mehr als 15000 Kilogramm haben, sowie für die im Abs. 2 bezeichneten Schiffe mit einer solchen Tragfähigkeit verboten:

1. alle die Beförderung von Gütern bezweckenden Miet- oder Frachtverträge, durch die zusammen mehr als der dritte Teil des Nettoraumgehalts oder der Tragfähigkeit eines solchen Schiffes in Anspruch genommen wird, soweit die Beförderung nicht ausschließlich von oder nach Häfen des Inlandes erfolgen soll;

2. alle Verträge, durch die ein solches Schiff einem Nichtreichsangehörigen für einen anderen Zweck als für die Beförderung von Gütern zum Gebrauch überlassen wird.

§ 2. Die Verlegung des Heimatsorts eines Schiffes der im § 1 bezeichneten Art in das Ausland ist verboten.

§ 3. Zuwiderhandlungen gegen diese Verordnung werden mit Gefängnis bis zu drei Jahren und mit Geldstrafe bis zu fünfzigtausend Mark oder mit einer dieser Strafen bestraft, sofern nicht nach anderen Strafgesetzen eine höhere Strafe verwirkt ist. Die Zuwiderhandlung ist auch strafbar, wenn ein Deutscher sie im Ausland begeht.

Der Versuch ist strafbar.

§ 4. Der Reichskanzler kann Ausnahmen von den Verboten dieser Verordnung zulassen.

§ 5. Diese Verordnung tritt mit dem Tage der Verkündung in Kraft. Der Reichskanzler bestimmt, wann und in welchem Umfang sie außer Kraft tritt.

b) Verbot des Verkaufs von Aktien und Geschäftsanteilen.

Bekanntmachung, betreffend Veräußerung von Aktien oder sonstigen Geschäftsanteilen deutscher Seeschiffahrtsgesellschaften ins Ausland. (BRV.) Vom 23. Dezember 1916 (RGBl. S. 1429).

§ 1. Rechtsgeschäfte, durch welche Aktien oder sonstige Geschäftsanteile deutscher Seeschiffahrtsgesellschaften ganz oder teilweise von einem Deutschen an Ausländer oder an Deutsche, die ihren Wohnsitz oder dauernden Aufenthalt nicht innerhalb des Deutschen Reiches haben, übertragen werden sollen, sind verboten.

Das gleiche gilt von Rechtsgeschäften, durch welche Aktien oder Geschäftsanteile der bezeichneten Art, die im Eigentume von Deutschen stehen, für Rechnung von Ausländern oder von Deutschen, die ihren Wohnsitz oder dauernden Aufenthalt nicht innerhalb des Deutschen Reiches haben, erworben werden sollen.

Gesellschaften, die ihren Sitz im Ausland haben, oder deren Kapital zum größeren Teil Ausländern zusteht, stehen den Ausländern im Sinne vorstehender Bestimmungen gleich.

§ 2. Zuwiderhandlungen gegen diese Verordnung werden mit Gefängnis bis zu drei Jahren und mit Geldstrafe bis zu fünfzigtausend Mark oder mit einer dieser Strafen bestraft, sofern nicht nach anderen Strafgesetzen eine höhere Strafe verwirkt ist. Wegen der Zuwiderhandlung kann ein Deutscher auch dann verfolgt werden, wenn er sie im Ausland begangen hat.

Der Versuch ist strafbar.

§ 3. Der Reichskanzler kann Ausnahmen von dem Verbote des § 1 zulassen.

§ 4. Diese Verordnung tritt mit dem Tage ihrer Verkündung in Kraft. Der Reichskanzler bestimmt, wann und in welchem Umfang sie außer Kraft tritt.

c) Schiffsregister.

Bekanntmachung über Schiffsregister und Hilfskriegsschiffe. (BRV.) Vom 16. Mai 1917 (RGBl. S. 411).

§ 1. Wird ein Kauffahrteischiff in den Dienst der Kaiserlichen Marine als Hilfskriegsschiff vorübergehend eingestellt, ohne daß die Marineverwaltung das Eigentum daran erwirbt, so ist die Verwendung als Hilfskriegsschiff im Schiffsregister zu vermerken. Endigt die Verwendung, so ist der Vermerk zu löschen. Die Eintragung sowie die Löschung des Vermerkes erfolgt auf Ersuchen der Marineverwaltung. Sie ist baldtunlichst im Schiffszertifikat ersichtlich zu machen.

Solange der Vermerk im Schiffsregister eingetragen ist, wird ein Auszug aus dem Schiffszertifikate nicht erteilt. Früher erteilte Auszüge sind baldtunlichst einzuziehen und nach der Löschung des Vermerkes auf Antrag zurückzugeben.

§ 2. Ist vor dem Inkrafttreten dieser Verordnung ein Kauffahrteischiff wegen seiner vorübergehenden Verwendung als Hilfskriegsschiff im Schiffsregister gelöscht worden, so sind auf Antrag der Marineverwaltung alle Eintragungen wieder herzustellen, die zur Zeit der Löschung hinsichtlich des Schiffes und der an ihm begründeten Rechte bestanden. Von der Eintragung ist dem eingetragenen Eigentümer Mitteilung zu machen.

Ist der Marineverwaltung bekanntgeworden, daß eine Veränderung in den früher eingetragen gewesenen Tatsachen oder Rechtsverhältnissen eingetreten ist, so soll sie hiervon bei Stellung des Antrags der Registerbehörde Mitteilung machen. Die Registerbehörde hat in einem solchen Falle die Beteiligten zu hören. Erachtet sie nach Anhörung der Beteiligten eine Veränderung für glaubhaft gemacht, so kann sie die Wiedereintragung unmittelbar nach Maßgabe der Veränderung bewirken. Dies gilt nicht bei Änderungen, die sich auf Pfandrechte an dem Schiffe beziehen; liegt Grund zu der Annahme vor, daß eine solche Änderung eingetreten ist, so kann von Amtswegen ein Widerspruch eingetragen werden.

Für die Wiedereintragung, mit Einschluß der Erteilung eines neuen Schiffszertifikats, werden Gebühren und Auslagen nicht erhoben.

§ 3. Wird ein Schiff, das vor dem Inkrafttreten dieser Verordnung wegen seiner vorübergehenden Verwendung als Hilfskriegsschiff im Schiffsregister gelöscht worden ist, innerhalb einer Frist von sechs Monaten nach dem Inkrafttreten dieser Verordnung im Schiffsregister wieder eingetragen und war zur Zeit der Löschung ein Pfandrecht an dem Schiffe oder ein Widerspruch gegen die Löschung eines Pfandrechts eingetragen, so gilt in Ansehung der Wirksamkeit des Pfandrechts oder des Widerspruchs die Löschung des Schiffes als nicht erfolgt.

§ 4. Diese Verordnung tritt mit dem Tage der Verkündung in Kraft.

d) Verjährungsfristen im Seerecht.

Siehe Bek. v. 9. Dezember 1915 (oben S. 37).

III. Wechsel- und Scheckrecht.

a) Fristenverlängerung bei Verhinderung infolge kriegerischer Ereignisse.

1. Gesetz über die Ermächtigung des Bundesrats zu wirtschaftlichen Maßnahmen und über die Verlängerung der Fristen des Wechsel- und Scheckrechts im Falle kriegerischer Ereignisse.

Vom 4. August 1914 (RGBl. S. 327).

§ 1. Wird in Veranlassung kriegerischer Ereignisse die rechtzeitige Vornahme einer Handlung, deren es zur Ausübung oder Erhaltung des Wechselrechts oder des Regreßrechts aus dem Scheck bedarf, durch höhere Gewalt verhindert, so verlängern sich die für die Vornahme der Handlung vorgeschriebenen Fristen um soviel als erforderlich ist, um nach Wegfall des Hindernisses die Handlung vorzunehmen, mindestens aber bis zum Ablauf von sechs Werktagen nach dem Wegfall des Hindernisses[1]).

Als Verhinderung durch höhere Gewalt gilt es insbesondere,

1. wenn der Ort, wo die Handlung vorgenommen werden muß, von dem Feinde besetzt ist; es sei denn, daß sie bei Anwendung der im Verkehr erforderlichen Sorgfalt trotzdem bewirkt werden kann;

2. wenn die zwecks Herbeiführung der Handlung zu benutzende Postverbindung derart unterbrochen ist, daß ein geregelter Postverkehr nicht mehr besteht.

§ 2. Unbeschadet der Vorschrift des § 1 können die dort bezeichneten Fristen im Falle kriegerischer Ereignisse durch Kaiserliche Verordnung mit Zustimmung des Bundesrats für das gesamte Reichsgebiet oder für Teile des Reichsgebiets um einen bestimmten Zeitraum verlängert werden.

---

[1]) Durch Bek. v. 29. Aug. 1914 (unten S. 73) ist an die Stelle der Frist von sechs Werktagen eine solche von zwei Wochen gesetzt worden.

Diese Vorschrift findet auf die Schutzgebiete mit der Maßgabe Anwendung, daß es der Zustimmung des Bundesrats nicht bedarf.

§ 3. Der Bundesrat wird ermächtigt, während der Zeit des Krieges diejenigen gesetzlichen Maßnahmen anzuordnen, welche sich zur Abhilfe wirtschaftlicher Schädigungen als notwendig erweisen.

Diese Maßnahmen sind dem Reichstag bei seinem nächsten Zusammentritt zur Kenntnis zu bringen und auf sein Verlangen aufzuheben.

§ 4. Dieses Gesetz tritt mit seiner Verkündung in Kraft. Der Zeitpunkt, in dem das Gesetz außer Kraft tritt, wird durch Kaiserliche Verordnung mit Zustimmung des Bundesrats bestimmt.

2. **Bekanntmachung, betreffend die Verlängerung der Fristen für wechsel- und scheckrechtliche Handlungen.** Vom 7. Aug. 1914 (RGBl. S. 361).

Der Bundesrat hat auf Grund des § 3 des Gesetzes über die Ermächtigung des Bundesrats zu wirtschaftlichen Maßnahmen usw. vom 4. August 1914 (RGBl. S. 327) beschlossen, daß die im § 1 Abs. 1 des genannten Gesetzes getroffene Vorschrift auch dann für anwendbar zu erachten ist, wenn die rechtzeitige Vornahme einer Handlung, deren es zur Ausübung oder Erhaltung der Rechte aus einem Wechsel oder einem Scheck bedarf, durch eine im Ausland erlassene gesetzliche Vorschrift verhindert wird.

Bekanntmachung, betreffend weitere Verlängerung der Fristen des Wechsel- und Scheckrechts. (BRV.) Vom 29. August 1914 (RGBl. S. 387).

§ 1. An Stelle der im § 1 Abs. 1 des Gesetzes über die Ermächtigung des Bundesrats zu wirtschaftlichen Maßnahmen usw. vom 4. August 1914 (RGBl. S. 327) festgesetzten Frist von sechs Werktagen tritt eine Frist von zwei Wochen.

§ 2. Die Fristen für die Vornahme einer Handlung, deren es zur Ausübung oder Erhaltung des Wechselrechts oder des Regreßrechts aus dem Scheck bedarf, werden, soweit sie nicht am 31. Juli 1914 abgelaufen waren, für solche Wechsel oder Schecks, die in Elsaß-Lothringen, in der preußischen Provinz Ostpreußen oder in Westpreußen in den Kreisen Marienburg, Elbing Stadt und Land, Stuhm, Marienwerder, Rosenberg, Graudenz Stadt und Land, Löbau, Kulm, Briesen, Strasburg, Thorn Stadt und Land zahlbar sind, im Anschluß an die in der Bekanntmachung vom 6. August 1914 (RGBl. S. 357) vorgesehene Verlängerung um weitere dreißig Tage verlängert. (Aufgehoben.)[1])

§ 3. Die in der Bekanntmachung vom 6. August 1914 und im § 2 vorgesehene Fristverlängerung findet keine Anwendung auf die Frist, innerhalb deren nach den gesetzlichen Vorschriften der Regreßpflichtige von der Nichtzahlung des Wechsels oder Schecks zu benachrichtigen ist.

§ 4. Diese Verordnung tritt mit dem Tage der Verkündung in Kraft.

b) Verlängerung der Fristen für alle Wechsel (Allgemeines Wechselmoratorium).

1. Bekanntmachung, betreffend Verlängerung der Fristen des Wechsel- und Scheckrechts. (BRV.) Vom 6. August 1914 (RGBl. S. 357).

§ 1. Die Fristen für die Vornahme einer Handlung, deren es zur Ausübung oder Erhaltung des Wechselrechts oder des Regreßrechts aus dem Scheck bedarf, werden bis auf weiteres[2]), soweit sie nicht am 31. Juli 1914 abgelaufen waren, um 30 Tage verlängert.

§ 2. Diese Vorschrift tritt mit dem Tage der Verkündung in Kraft.

---

[1]) Dieser § 2 ist durch die Bek. v. 17. Dez. 1914 — siehe unten S. 75 — aufgehoben worden.

[2]) Siehe die folgende Bekanntmachung.

2. Bekanntmachung, betreffend Aufhebung der für die Fristen des Wechsel- und Scheckrechts angeordneten dreißigtägigen Verlängerung. (BRV.) Vom 17. Mai 1915 (RGBl. S. 284).

Die in der Verordnung, betreffend Verlängerung der Fristen des Wechsel- und Scheckrechts, vom 6. August 1914 (RGBl. S. 357) angeordnete Verlängerung der Fristen für die Vornahme einer Handlung, deren es zur Ausübung oder Erhaltung des Wechselrechts oder des Regreßrechts aus dem Scheck bedarf, tritt am 30. Juni 1915 in der Weise außer Kraft, daß eine an diesem Tage laufende Verlängerung mit dem Ablaufe dieses Tages endet.

c) Besondere Verlängerung der Fristen für die durch den Krieg in Mitleidenschaft gezogenen deutschen Gebiete (Begrenztes Wechselmoratorium).

1. § 2 der Bekanntmachung vom 29. August 1914.

Abgedruckt oben S. 74.

2. Bekanntmachung, betreffend die Fristen des Wechsel- und Scheckrechts für Elsaß-Lothringen, Ostpreußen usw. (BRV.) Vom 17. Dezember 1914 (RGBl. S. 519).

§ 1. Für solche Wechsel oder Schecks, die in Elsaß-Lothringen, in der preußischen Provinz Ostpreußen oder in Westpreußen in den Kreisen Marienburg, Elbing Stadt und Land, Stuhm, Marienwerder, Rosenberg, Graudenz Stadt und Land, Löbau, Culm, Briesen, Strasburg, Thorn Stadt und Land zahlbar sind, sowie für solche im Stadtkreis Danzig zahlbare gezogene Wechsel, die als Wohnort des Bezogenen einen Ort angeben, der in Ostpreußen oder in einem der bezeichneten westpreußischen Kreise gelegen ist, werden in Ansehung der Fristen für die Vornahme einer Handlung, deren es zur Ausübung oder Erhaltung des Wechselrechts oder des Regreßrechts aus dem Scheck bedarf, soweit die Fristen nicht am 31. Juli 1914 schon abgelaufen waren, die nachstehenden Bestimmungen getroffen:

I. Der § 2 der Bekanntmachung vom 29. August sowie die Bekanntmachungen[1]) vom 8. und 24. September, vom 22. Oktober und vom 23. November 1914 (RGBl. S. 387, 399, 413, 449, 482) werden aufgehoben.

II. Die Fristen laufen, soweit sich nicht aus anderen Vorschriften ein späterer Ablauf ergibt, zu dem im folgenden bezeichneten Zeitpunkt ab:

1. wenn der Zahlungstag des Wechsels oder der sonstige für den Beginn der Frist maßgebende Zeitpunkt vor dem 1. Januar 1915 eingetreten ist,

fünf Monate nach dem Beginne der Frist, jedoch frühestens mit dem 1. Februar 1915;

2. wenn der Zahlungstag des Wechsels oder der sonstige für den Beginn der Frist maßgebende Zeitpunkt am 1. Januar 1915 oder später eintritt,

mit dem 31. Mai 1915.

§ 2. Die Vorschriften dieser Verordnung finden keine Anwendung auf die Frist, innerhalb deren nach den gesetzlichen Vorschriften der Regreßpflichtige von der Nichtzahlung des Wechsels oder Schecks zu benachrichtigen ist.

§ 3. Diese Verordnung tritt mit dem Tage der Verkündung in Kraft.

3. Durch die **Bekanntmachung, betreffend die Fristen des Wechsel- und Scheckrechts für Elsaß-Lothringen, Ostpreußen usw., vom 21. Januar 1915 (RGBl. S. 32)** wurde die Frist der Bek. vom 17. Dezember 1914 bis 31. März 1915 verlängert. Die Bek. wurde außer Kraft gesetzt durch folgende

Bekanntmachung, betreffend die Fristen des Wechsel- und Scheckrechts für Elsaß-Lothringen, Ostpreußen usw. (BRV.)
Vom 4. März 1915 (RGBl. S. 129).

§ 1. Für solche Wechsel oder Schecks, die in Elsaß-Lothringen, in der preußischen Provinz Ostpreußen oder in

[1]) Diese Bekanntmachungen, auf deren Abdruck verzichtet wird, verlängerten jeweils die Fristen.

Westpreußen in den Kreisen Marienburg, Elbing Stadt und Land, Stuhm, Marienwerder, Rosenberg, Graudenz Stadt und Land, Löbau, Culm, Briesen, Strasburg, Thorn Stadt und Land zahlbar sind, sowie für solche im Stadtkreis Danzig zahlbare gezogene Wechsel, die als Wohnort des Bezogenen einen Ort angeben, der in Ostpreußen oder in einem der bezeichneten westpreußischen Kreise gelegen ist, werden in Ansehung der Fristen für die Vornahme einer Handlung, deren es zur Ausübung oder Erhaltung des Wechselrechts oder des Regreßrechts aus dem Scheck bedarf, soweit die Fristen nicht am 31. Juli 1914 schon abgelaufen waren, die nachstehenden Bestimmungen getroffen:

I. Die Bekanntmachung vom 17. Dezember 1914 (RGBl. S. 519), mit Ausnahme der Bestimmung des § 1 Nr. I über die Aufhebung früherer Vorschriften, sowie die Bekanntmachung vom 21. Januar 1915 (RGBl. S. 32) tritt außer Kraft.

II. Die Fristen laufen, soweit sich nicht aus anderen Vorschriften ein späterer Ablauf ergibt, mit dem 31. Mai 1915 ab.

§ 2. Die Vorschriften dieser Verordnung finden keine Anwendung auf die Frist, innerhalb deren nach den gesetzlichen Vorschriften der Regreßpflichtige von der Nichtzahlung des Wechsels oder Schecks zu benachrichtigen ist.

§ 3. Diese Verordnung tritt mit dem Tage der Verkündung in Kraft.

4. Bekanntmachung, betreffend die Fristen des Wechsel- und Scheckrechts für Elsaß-Lothringen, Ostpreußen usw. (BRV.)
Vom 17 Mai 1915 (RGBl. S. 284).

Art. 1. Für solche Wechsel oder Schecks, die in Elsaß-Lothringen oder in den nachbenannten Teilen Ostpreußens zahlbar sind:

Regierungsbezirke Allenstein und Gumbinnen, Kreise Gerdauen und Memel, wird der § 1 Nr. II der Bekanntmachung, betreffend die Fristen des Wechsel- und Scheckrechts für Elsaß-Lothringen, Ostpreußen usw. vom 4. März 1915 (RGBl. S. 129), dahin geändert, daß die Fristen frühestens mit dem 31. Juli 1915 ablaufen.

Das gleiche gilt für solche in anderen Teilen Ostpreußens oder im Stadtkreis Danzig zahlbare gezogene Wechsel, die als Wohnort des Bezogenen einen Ort angeben, der in den im Abs. 1 bezeichneten Teilen Ostpreußens gelegen ist.

Art. 2. Diese Verordnung tritt mit dem Tage der Verkündung in Kraft.

Die in dieser Bekanntmachung bestimmte Frist ist weiter verlängert worden

a) für sämtliche darin genannten Gebiete durch die **Bekanntmachungen vom 22. Juli und 21. Oktober 1915** (RGBl. S. 450, 677) bis zum 31. Januar 1916,

b) alsdann nur noch für Elsaß-Lothringen fortlaufend durch eine Reihe von Bekanntmachungen, deren letzte (vor Drucklegung) folgende ist:

Bekanntmachung, betreffend die Fristen des Wechsel- und Scheckverkehrs für Elsaß-Lothringen. (BRV.) Vom 20. September 1917 (RGBl. S. 854).

Die Fristen für die Vornahme einer Handlung, deren es zur Ausübung oder Erhaltung des Wechselrechts oder des Regreßrechts aus dem Scheck bedarf, werden, soweit sie nicht am 31. Juli 1914 abgelaufen waren, für die in Elsaß-Lothringen zahlbaren Wechsel oder Schecks in der Weise verlängert, daß sie mit dem 31. Januar 1918[1]) ablaufen, sofern sich nicht aus anderen Vorschriften ein späterer Ablauf ergibt.

Diese Vorschrift findet keine Anwendung auf die Frist, innerhalb deren nach den gesetzlichen Vorschriften der Regreßpflichtige von der Nichtzahlung des Wechsels oder Schecks zu benachrichtigen ist.

---

[1]) Die Frist ist verlängert durch die inhaltlich gleiche Bek. v. 20. Dez. 1917 (BRV.) (RGBl. S. 1114).

Bei Wechseln, bei denen die Frist zur Erhebung des Protestes mangels Zahlung nach Abs. 1 verlängert ist, verjährt der wechselmäßige Anspruch gegen den Akzeptanten oder, soweit es sich um eigene Wechsel handelt, gegen den Aussteller frühestens am 31. Januar 1919[1]).

d) Bestimmungen über Auslandswechsel.

1. Im Ausland ausgestellte, im Inland zahlbare Wechsel. Bekanntmachung über die Fälligkeit im Ausland ausgestellter Wechsel. (BRV.) Vom 10. August 1914 (RGBl. S. 368).

§ 1. Die Fälligkeit aller Wechsel, die im Auslande vor dem 31. Juli 1914 ausgestellt worden und im Inlande zahlbar sind, wird, falls sie nicht schon am 31. Juli 1914 verfallen waren, um drei Monate hinausgeschoben.

Eine Verpflichtung zur Entrichtung des weiteren Wechselstempels nach § 3 Abs. 2 des Wechselstempelgesetzes wird durch diese Hinausschiebung der Fälligkeit nicht begründet.

§ 2. Diese Verordnung tritt mit dem Tage der Verkündung in Kraft.

Bekanntmachung, betreffend Auslandswechsel. (BRV.) Vom 12. August 1914 (RGBl. S. 369).

§ 1. Bei Wechseln, deren Fälligkeit durch die Verordnung über die Fälligkeit im Ausland ausgestellter Wechsel vom 10. August 1914 (RGBl. S. 368) um drei Monate hinausgeschoben ist, erhöht sich die Wechselsumme um sechs Prozent jährlicher Zinsen für drei Monate.

§ 2. Für die im § 1 bezeichneten Wechsel bleibt bei Anwendung der Vorschriften des § 13 Nr. 2 und des § 17 des Bankgesetzes die durch die Verordnung vom 10. August 1914 angeordnete Hinausschiebung der Fälligkeit außer Betracht.

§ 3. Diese Verordnung tritt mit dem Tage der Verkündung in Kraft.

---

[1]) Frist ist verlängert bis 31. Mai 1919, siehe Anm. 1 S. 78.

Bekanntmachung über die Fälligkeit im Ausland ausgestellter Wechsel. (BRV.) Vom 22. Oktober 1914 (RGBl. S. 448).

§ 1. Die Fälligkeit von Wechseln, deren Fälligkeit durch die Bekanntmachung vom 10. August 1914 (RGBl. S. 368) um drei Monate hinausgeschoben ist, wird um weitere drei Monate hinausgeschoben. An die Stelle der in der Bekanntmachung vom 12. August 1914 (RGBl. S. 369) vorgesehenen Erhöhung der Wechselsumme um sechs Prozent jährlicher Zinsen für drei Monate tritt eine solche für sechs Monate.

Eine Verpflichtung zur Entrichtung des weiteren Wechselstempels nach § 3 Abs. 2 des Wechselstempelgesetzes wird durch die Hinausschiebung der Fälligkeit nicht begründet. Bei Anwendung der Vorschriften des § 13 Nr. 2 und des § 17 des Bankgesetzes bleibt die Hinausschiebung außer Betracht.

§ 2. Die Vorschriften dieser Verordnung finden keine Anwendung auf Wechsel, bei denen die Zeit der Vorlage zur Zahlung und der Protesterhebung durch die Bekanntmachung, betreffend Zahlungsverbot gegen England, vom 30. September 1914 (RGBl. S. 421)[1]) oder durch die Bekanntmachung, betreffend Zahlungsverbot gegen Frankreich, vom 20. Oktober 1914[2]) (RGBl. S. 443) hinausgeschoben ist.

§ 3. Diese Verordnung tritt mit dem Tage der Verkündung in Kraft.

Bekanntmachung über die Fälligkeit im Ausland ausgestellter Wechsel. (BRV.) Vom 18. Januar 1915 (RGBl. S. 23).

§ 1. Die Fälligkeit von Wechseln, deren Fälligkeit durch die Bekanntmachungen vom 10. August und 22. Oktober 1914 (RGBl. S. 368, 448) um sechs Monate hinausgeschoben ist, wird um weitere drei Monate hinausgeschoben.

Eine Verpflichtung zur Entrichtung des weiteren Wechselstempels nach § 3 Abs. 2 des Wechselstempelgesetzes wird durch

---

[1]) Siehe unten S. 132.
[2]) Siehe unten S. 139.

die Hinausschiebung der Fälligkeit nicht begründet. Bei Anwendung der Vorschriften des § 13 Nr. 2 und des § 17 des Bankgesetzes bleibt die Hinausschiebung außer Betracht.

§ 2. Zu der in der Bekanntmachung vom 22. Oktober 1914 vorgesehenen Erhöhung der ursprünglichen Wechselsumme um die Zinsen für sechs Monate tritt — unbeschadet der Vorschriften des § 3 — eine Erhöhung der ursprünglichen Wechselsumme um sechs Prozent jährlicher Zinsen für weitere drei Monate hinzu, wenn der wechselmäßig legitimierte Inhaber des Wechsels den Bezogenen in der Woche vor dem aus der Bekanntmachung vom 22. Oktober 1914 sich ergebenden Zahlungstage schriftlich benachrichtigt, daß er den Wechsel in Händen hat; es genügt, wenn das Benachrichtigungsschreiben vor dem bezeichneten Tage zur Post gegeben ist. Bei domizilierten Wechseln ist der Domiziliat, bei Wechseln, deren Zahlung am Wohnort des Bezogenen durch eine andere Person erfolgen soll, ist diese zu benachrichtigen. Der Empfang der Benachrichtigung ist unverzüglich zu bestätigen.

Hinsichtlich des Nachweises, daß die Benachrichtigung erfolgt ist, findet Artikel 46 Satz I der Wechselordnung Anwendung. Auch genügt im Wechselprozesse zur Berücksichtigung des Anspruchs auf die weitere Erhöhung der Wechselsumme die Glaubhaftmachung, daß die Benachrichtigung erfolgt ist.

§ 3. Der Bezogene ist berechtigt, den Wechsel an dem aus der Bekanntmachung vom 22. Oktober 1914 sich ergebenden Zahlungstage oder innerhalb einer Woche nach diesem Zahlungstag im Geschäftslokal und in Ermangelung eines solchen in der Wohnung des Gläubigers einzulösen; bei einer solchen Einlösung braucht der Zinsenzuschlag nur für die Zeit bis zur Einlösung entrichtet zu werden. Macht der Bezogene eine Teilzahlung, so ist der Zinsenzuschlag für die Zeit nach dieser Zahlung nur auf den nichtgezahlten Betrag zu entrichten; die geleistete Zahlung ist zunächst auf die bis zur Zahlung aufgelaufenen Zinsen anzurechnen.

§ 4. Für Wechsel, bei denen die Zeit der Vorlage zur Zahlung und der Protesterhebung durch die Bekanntmachungen, betreffend Zahlungsverbot gegen England, Frankreich und Rußland, vom 30. September[1]), 20. Oktober[2]) und 19. November 1914[3]) (RGBl. S. 421, 443, 479) hinausgeschoben ist, bewendet es bei den Vorschriften dieser Bekanntmachungen. Bei solchen Wechseln findet die Erhöhung der Wechselsumme, die in den Bekanntmachungen vom 12. August und vom 22. Oktober 1914 und der gegenwärtigen Verordnung vorgesehen ist, nicht statt.

§ 5. Diese Verordnung tritt mit dem Tage der Verkündung in Kraft.

2. Im Inland zahlbare Wechsel, deren Akzeptant oder Bezogener seinen Wohnsitz im Auslande hat.

Bekanntmachung über Verjährungsfristen im Wechselrechte. (VRV.) Vom 19. Juli 1917 (RGBl. S. 635).

§ 1. Wechselmäßige Ansprüche gegen den Akzeptanten eines im Inland zahlbaren Wechsels, die noch nicht verjährt sind, verjähren, wenn der Akzeptant seinen Wohnort im Ausland hat oder wenn in dem Wechsel ein ausländischer Wohnort des Bezogenen angegeben ist, nicht vor dem 31. Dezember 1918. Das gleiche gilt für wechselmäßige Ansprüche gegen den Aussteller eines im Inland zahlbaren eigenen Wechsels, wenn der Aussteller seinen Wohnort im Ausland hat oder wenn in dem Wechsel ein ausländischer Ausstellungsort angegeben ist.

§ 2. Diese Verordnung tritt mit dem Tage der Verkündung in Kraft.

---

[1]) Siehe unten S. 132.

[2]) Siehe unten S. 139.

[3]) Siehe unten S. 140.

e) Bestätigung von Schecks durch die Reichsbank.

Bekanntmachung über die Bestätigung von Schecks durch die Reichsbank. (BRB.) Vom 31. August 1916 (RGBl. S. 985).

Art. 1. Versieht die Reichsbank einen auf sie gezogenen Scheck mit einem Bestätigungsvermerke, so wird sie hierdurch dem Inhaber zur Einlösung verpflichtet; für die Einlösung haftet sie auch dem Aussteller und den Indossanten.

Die Verpflichtung aus der Bestätigung erlischt, wenn der Scheck nicht innerhalb der Vorlegungsfrist (§ 11 des Scheckgesetzes vom 11. März 1908 — RGBl. S. 71 —) zur Zahlung vorgelegt wird. Hinsichtlich des Nachweises der Vorlegung finden die Vorschriften des § 16 des Scheckgesetzes Anwendung.

Der Anspruch aus der Bestätigung verjährt in zwei Jahren vom Ablauf der Vorlegungsfrist an.

Für einen bestätigten Scheck, auf dem eine Unterschrift gefälscht ist, gelten die Vorschriften des § 23, für die gerichtliche Geltendmachung von Ansprüchen auf Grund der Bestätigung die Vorschriften des § 28 des Scheckgesetzes entsprechend.

Die Reichsbank ist nur nach vorheriger Deckung befugt, Schecks mit einem Bestätigungsvermerke zu versehen.

Art. 2. Die Bestätigung begründet nicht die Verpflichtung zur Entrichtung des Wechselstempels oder einer landesgesetzlichen Abgabe.

Art. 3. Diese Verordnung tritt mit dem Tage der Verkündung in Kraft.

Der Reichskanzler bestimmt den Zeitpunkt des Außerkrafttretens.

D. Prozeßrecht.

I. Gerichtsverfassungsgesetz.

Bekanntmachung über die Verwendung weiblicher Hilfskräfte im Gerichtsschreiberdienste. (BRB.) Vom 14. Dezember 1916 (RGBl. S. 1362).

§ 1. Die einstweilige Wahrnehmung von Amtsgeschäften der Gerichtsschreiber kann Frauen übertragen werden.

§ 2. Diese Verordnung tritt mit dem Tage der Verkündung in Kraft. Der Reichskanzler bestimmt den Zeitpunkt des Außerkrafttretens.

§ 3. Soweit vor dem Inkrafttreten der Verordnung Amtsgeschäfte der Gerichtsschreiber Frauen übertragen worden sind, ist die Übertragung als von Anfang an wirksam anzusehen.

II. Zivilprozeß.

a) Entlastung der Gerichte.

Bekanntmachung zur Entlastung der Gerichte. (BRB.) Vom 9. September 1915 (RGBl. S. 562).

Abgeändert durch **Bekanntmachung über Abänderung der Verordnung zur Entlastung der Gerichte** vom 9. September 1915 (RGBl, S. 562). Vom 18. Mai 1916 (RGBl. S. 393).

(Die Änderungen sind im folgenden in die Verordnung aufgenommen und als solche kenntlich gemacht.)

Mahnverfahren vor den Landgerichten. §§ 1 bis 12 sind durch die Bekanntmachung vom 18. Mai 1916 aufgehoben und werden daher hier nicht mehr abgedruckt.

Mahnverfahren vor den Amtsgerichten.

§ 13. Ein Anspruch, der zur Zuständigkeit der Amtsgerichte gehört, soll unbeschadet der §§ 500, 510c der Zivilprozeßordnung im Mahnverfahren geltend gemacht werden, wenn es gemäß § 688 der Zivilprozeßordnung zulässig ist.

§ 14. Wird bei dem Amtsgerichte der Vorschrift des § 13 zuwider eine Klage angebracht, die lediglich auf einen im Mahnverfahren verfolgbaren Anspruch gerichtet ist, so gilt sie als Gesuch um Erlaß des Zahlungsbefehls, es sei denn, daß der Kläger glaubhaft macht, der Beklagte werde den Anspruch bestreiten und sich auf die Klage einlassen.

Der Klage soll eine Berechnung der Kosten beigefügt werden, deren Erstattung der Kläger verlangt.

Der Zahlungsbefehl wird auf die Urschrift der Klage oder ein damit zu verbindendes Blatt gesetzt. Im letzteren Falle findet die Vorschrift des § 313 Abs. 3 Satz 6 der Zivilprozeßordnung entsprechende Anwendung. Der Zahlungsbefehl braucht die im § 690 Nr. 1 bis 3 der Zivilprozeßordnung bezeichneten Erfordernisse des Gesuchs nicht zu enthalten.

Die Zustellung einer mit dem Zahlungsbefehle versehenen Klage hat die Wirkungen, die mit der Zustellung eines Zahlungsbefehls verbunden sind.

An die Stelle der Zurückweisung des Gesuchs (§ 691 der Zivilprozeßordnung) tritt die Anberaumung eines Termins zur mündlichen Verhandlung.

§ 14a. (Neu.)[1]) Die Frist für den Widerspruch wird von dem Gericht in dem Zahlungsbefehle bestimmt; sie ist den Vorschriften über die Einlassungsfrist entsprechend zu bemessen.

§ 15. Der Zahlungsbefehl wird als Urkunden- oder als Wechsel-Zahlungsbefehl bezeichnet:

1. wenn das Gesuch des Gläubigers auf den Erlaß eines Urkunden- oder eines Wechsel-Zahlungsbefehls gerichtet ist;

2. wenn im Falle des § 14 Abs. 1 die Klage die Erklärung enthält, daß im Urkunden- oder Wechselprozesse geklagt werde.

§ 16. Für das Urkunden- und Wechsel-Mahnverfahren gelten folgende besonderen Vorschriften:

---

[1]) Eingefügt durch Bek. v. 18. Mai 1916.

1. Die Bezeichnung als Urkunden- oder als Wechsel-Zahlungsbefehl hat die Wirkung, daß die Klage, wenn rechtzeitig Widerspruch erhoben wird, als im Urkunden- oder im Wechselprozeß erhoben anzusehen ist.

2. Die Frist für den Widerspruch wird vom Gericht in dem Zahlungsbefehle bestimmt; sie ist den Vorschriften über die Einlassungsfrist entsprechend zu bemessen. (Aufgehoben und ersetzt durch § 14a.[1])

3. Die Urkunden sollen in Urschrift oder in Abschrift dem Gesuch um Erlaß des Zahlungsbefehls (§ 15 Nr. 1) oder der Klage (§ 15 Nr. 2) beigefügt und in Abschrift mit dem Zahlungsbefehle zugestellt werden.

4. Bei Erlaß des Zahlungsbefehls und des Vollstreckungsbefehls bedarf die Statthaftigkeit der gewählten Prozeßart keiner Prüfung.

5. Beschränkt sich der Widerspruch auf den Antrag, dem Beklagten die Ausführung seiner Rechte vorzubehalten, so ist der Vollstreckungsbefehl unter diesem Vorbehalte zu erlassen. Auf das weitere Verfahren findet die Vorschrift des § 600 der Zivilprozeßordnung entsprechende Anwendung.

6. Die Ladungsfrist beträgt mindestens drei Tage; soweit die Einlassungsfrist kürzer ist, entspricht sie dieser.

§ 17. Im Mahnverfahren erhält der Rechtsanwalt:

1. die Sätze des § 9 der Gebührenordnung für Rechtsanwälte für die Erwirkung des Zahlungsbefehls, einschließlich der Mitteilung des Widerspruchs an den Auftraggeber;

2. zwei Zehntel der Sätze des § 9 für die Erhebung des Widerspruchs;

3. fünf Zehntel der Sätze des § 9 für die Erwirkung des Vollstreckungsbefehls.

Die Gebühren in Nr. 1 und 2 werden auf die in dem nachfolgenden Rechtsstreit zustehende Prozeßgebühr voll angerechnet.

---

[1]) Bek. v. 18. Mai 1916.

Im Urkunden- oder Wechsel-Mahnverfahren (§§ 15, 16) erhält der Rechtsanwalt nur sechs Zehntel der Gebühren in Nr. 1 bis 3.

Sühneversuch und Verfahren in geringfügigen Sachen.

§ 18. Im Verfahren vor den Amtsgerichten soll das Gericht, wenn im Termine beide Parteien erscheinen, vor Eintritt in die mündliche Verhandlung die Sühne versuchen.

§ 19. Die Vorschrift des § 91 Abs. 2 der Zivilprozeßordnung findet keine Anwendung:

1. im Verfahren vor den Amtsgerichten, wenn der Wert des Streitgegenstandes (§§ 3 bis 9 der Zivilprozeßordnung) nicht mehr als fünfzig Mark beträgt;
2. im Verfahren auf erhobene Privatklage. (Aufgehoben.)[1])

§ 20. (Neue Fassung.)[2]) Die Zulässigkeit der Berufung ist, wenn die Berufung ausschließlich einen Anspruch betrifft, der die Zahlung einer Geldsumme zum Gegenstande hat, durch einen den Betrag von fünfzig Mark übersteigenden Wert

---

[1]) Bek. v. 18. Mai 1916.

[2]) Neufassung der Bek. v. 18. Mai 1916. Vorher lautete der Paragraph:

In Rechtsstreitigkeiten über vermögensrechtliche Ansprüche ist die Zulässigkeit der Berufung durch einen den Betrag von fünfzig Mark übersteigenden Wert des Beschwerdegegenstandes bedingt.

In betreff des Wertes des Beschwerdegegenstandes kommen die §§ 3 bis 9 ZPO. zur Anwendung.

Der Berufungskläger hat diesen Wert glaubhaft zu machen; zur Versicherung an Eidesstatt darf er nicht zugelassen werden.

In Rechtsstreitigkeiten über Ansprüche, für welche die Landgerichte ohne Rücksicht auf den Wert des Streitgegenstandes ausschließlich zuständig sind, findet gegen die in erster Instanz erlassenen Endurteile der Landgerichte die Berufung ohne Rücksicht auf den Wert des Beschwerdegegenstandes statt.

des Beschwerdegegenstandes bedingt. Als ein Anspruch, welcher die Zahlung einer Geldsumme zum Gegenstande hat, gilt auch der Anspruch aus einer Hypothek, einer Grundschuld oder einer Rentenschuld.

§ 21. In den Fällen der §§ 3, 4 der Verordnung über die gerichtliche Bewilligung von Zahlungsfristen (RGBl. 1915 S. 290) ist die Zulässigkeit der sofortigen Beschwerde durch einen die Summe von fünfzig Mark übersteigenden Betrag der Forderung bedingt.

§ 22. (Neue Fassung.)[1]) Im Falle des § 99 Abs. 3 der Zivilprozeßordnung unterliegt die Entscheidung einer sofortigen Beschwerde nur, wenn die Beschwerdesumme den Betrag von fünfzig Mark übersteigt.

Mündliche Verhandlung.

§ 23. Sind die Parteien durch Rechtsanwälte vertreten, so kann mit deren Einverständnis ohne mündliche Verhandlung entschieden werden, wenn das Gericht den Sach- und Streitstand auf Grund einer früheren mündlichen Verhandlung und nach dem Ergebnis einer etwaigen Beweisaufnahme für hinreichend geklärt erachtet. Die Verkündung der Entscheidung wird durch schriftliche Mitteilung ersetzt.

Diese Vorschriften finden in dem Verfahren vor den Oberlandesgerichten und vor dem Revisionsgerichte keine Anwendung.

Urteil.

§ 24. Die Darstellung des Tatbestandes kann durch eine Bezugnahme auf den Inhalt der vorbereitenden Schriftsätze und auf die zum Sitzungsprotokoll erfolgten Feststellungen ersetzt werden, soweit sie den Sach- und Streitstand richtig und vollständig wiedergeben.

---

[1]) Bek. v. 18. Mai 1916. Vorher lautete der Paragraph: Entscheidungen in betreff der Prozeßkosten unterliegen einer Beschwerde nur, wenn die Beschwerdesumme den Betrag von fünfzig Mark übersteigt.

§ 25. Das Verzeichnis der verkündeten und unterschriebenen Urteile (§ 316 der Zivilprozeßordnung) fällt fort. Die im § 320 der Zivilprozeßordnung vorgesehene Frist beginnt mit der Zustellung des Urteils. Die Berichtigung des Tatbestandes ist ausgeschlossen, wenn sie nicht binnen drei Monaten seit der Verkündung des Urteils beantragt wird.

§ 26. Für die Ausfertigung landgerichtlicher Urteile findet die Vorschrift des § 496 Abs. 6 der Zivilprozeßordnung entsprechende Anwendung.

Zuständigkeit.

§ 27. Die Vorschrift des § 505 der Zivilprozeßordnung findet im Verfahren vor den Landgerichten entsprechende Anwendung. Verweist das Landgericht einen Rechtsstreit an ein anderes Gericht, so bildet das weitere Verfahren vor dem anderen Gerichte mit dem Verfahren vor dem Landgericht im Sinne des § 28 des Gerichtskostengesetzes eine Instanz.

Armenrecht.

§ 28. Soll von einem unehelichen Kinde ein Anspruch auf Unterhalt gegen seinen Vater geltend gemacht werden, so bedarf es zur Bewilligung des Armenrechts des im § 118 Abs. 2 der Zivilprozeßordnung vorgesehenen Zeugnisses nicht.

Schlußvorschriften.

§ 29. Diese Verordnung tritt am 1. Oktober 1915 in Kraft. Der Bundesrat bestimmt, wann und in welchem Umfange diese Verordnung außer Kraft tritt.

§ 30. Eine Frist, die zur Zeit des Inkrafttretens dieser Verordnung läuft, wird nach den bisherigen Vorschriften beendet.

§ 31. Die Zulässigkeit der Berufung und der Beschwerde gegen die vor dem Inkrafttreten dieser Verordnung verkündeten Entscheidungen richtet sich nach den bisherigen Vorschriften.

Das gleiche gilt für die Zulässigkeit der Beschwerde gegen andere Entscheidungen, die vor dem Inkrafttreten dieser Verordnung ergangen sind.

b) Zustellung an Rechtsanwälte usw., die als Unteroffiziere oder Gemeine dem Heere angehören.

Bekanntmachung, betreffend das Verfahren bei Zustellungen.
Vom 22. Dezember 1915 (RGBl. S. 833.).

§ 1. Zustellungen an einen Rechtsanwalt, der als Unteroffizier oder Gemeiner dem aktiven Heere oder der aktiven Marine angehört, können außer auf dem im § 172 der Zivilproßordnung vorgeschriebenen Wege auch nach den sonstigen Vorschriften der Zivilprozeßordnung erfolgen.

Eine Zustellung, die vor dem Inkrafttreten dieser Verordnung, aber nach dem 31. Juli 1914 vorgenommen worden ist, gilt als wirksam erfolgt, wenn sie bei Anwendung des Abs. 1 wirksam sein würde.

§ 2. Ist im Falle des § 1 Abs. 2 durch die Zustellung eine Frist in Lauf gesetzt worden, gegen deren Versäumung nach gesetzlicher Vorschrift Wiedereinsetzung in den vorigen Stand erteilt werden kann, so ist auf Antrag die Wiedereinsetzung zu erteilen, wenn nach freier Überzeugung des Gerichts die Einlegung eines Rechtsmittels oder eine sonstige Handlung im Vertrauen auf die Unwirksamkeit der Zustellung unterlassen worden ist.

Die Wiedereinsetzung muß innerhalb einer einmonatigen Frist, von dem Zeitpunkt des Inkrafttretens dieser Verordnung an gerechnet, beantragt werden.

§ 3. Ist im Falle des § 1 Abs. 2 vor dem Zeitpunkt des Inkrafttretens dieser Verordnung eine weitere Zustellung vorgenommen worden, die nach den bisherigen Vorschriften wirksam ist, so gilt die Einlegung eines Rechtsmittels oder eine sonstige Handlung als nicht verspätet, wenn die vorgeschriebene Frist, von der weiteren Zustellung an gerechnet, eingehalten worden ist.

§ 4. Gehört ein Prozeßbevollmächtigter, der nicht Rechtsanwalt ist, dem aktiven Heere oder der aktiven Marine an,

---

[1]) An den Chef der zunächst vorgesetzten Kommandobehörde.

so hat das Prozeßgericht auf Antrag zu bewilligen, daß eine Zustellung, die nach §§ 176, 178 der Zivilprozeßordnung an ihn erfolgen müßte, an den Zustellungsbevollmächtigten, in Ermangelung eines solchen an den Gegner selbst erfolgen darf.

Die Entscheidung über den Antrag kann ohne mündliche Verhandlung erlassen werden. Eine Anfechtung der die Zustellung bewilligenden Entscheidung findet nicht statt.

§ 5. Die Verordnung tritt mit dem Tage der Verkündung in Kraft, den Zeitpunkt des Außerkrafttretens bestimmt der Reichskanzler.

c) Besondere Verfahrensarten.

1. Bewilligung von Zahlungsfristen.

aa) **Bekanntmachung über die gerichtliche Bewilligung von Zahlungsfristen** (BRV.) vom 7. August 1914 (RGBl. S. 359) in der Fassung der **Bekanntmachung** (**BRV.**) **vom 20. Mai 1915** (RGBl. S. 290), weiter geändert durch die **Bekanntmachung betr. Änderung usw.** (BRV.) vom 8. Juni 1916 (RGBl. S. 451).

Verordnung über die gerichtliche Bewilligung von Zahlungsfristen.

§ 1. In bürgerlichen Rechtsstreitigkeiten, die bei den ordentlichen Gerichten anhängig sind oder anhängig werden, kann das Prozeßgericht auf Antrag des Beklagten eine mit der Verkündung des Urteils beginnende Zahlungsfrist von längstens drei Monaten in dem Urteil bestimmen. [Die Bestimmung ist zulässig, wenn die Lage des Beklagten sie rechtfertigt und die Zahlungsfrist dem Kläger nicht einen unverhältnismäßigen Nachteil bringt. Sie kann für den Gesamtbetrag oder einen Teilbetrag der Forderung erfolgen und von der Leistung einer nach freiem Ermessen des Gerichts zu bestimmenden Sicherheit abhängig gemacht werden.][1])

---

[1]) An die Stelle von Satz 2 und 3 treten auf Grund der Bek. v. 8. Juni 1916 folgende Vorschriften:

Der Antrag ist nur zulässig, wenn Gegenstand des Rechtsstreits eine vor dem 31. Juli 1914 entstandene Geldforderung ist. [Die tatsächlichen Behauptungen, die den Antrag begründen, sind glaubhaft zu machen.][1])

[2]) Der Zinsenlauf wird durch die Bestimmung der Zahlungsfrist nicht berührt.

§ 2[3]). Im Mahnverfahren kann der Schuldner für eine Forderung, die er anerkennt, die Bestimmung einer Zahlungsfrist beantragen, solange der Vollstreckungsbefehl noch nicht verfügt ist; die Dauer der Frist ist in dem Antrag zu bezeichnen. Abschrift des Antrags ist dem Gläubiger zuzustellen. Erklärt er sich mit der Bestimmung der beantragten Frist einverstanden, so ist in dem Vollstreckungsbefehle die Vollstreckung von dem Ablauf der Frist abhänig zu machen. Verweigert er die Zustimmung, so gilt der Antrag des Schuldners als Widerspruch gegen den Zahlungsbefehl.

Die Frist beginnt mit dem Tage, an dem der Zahlungsbefehl erlassen ist.

Die Bestimmung ist zulässig, wenn die Lage des Beklagten sie rechtfertigt, es sei denn, daß die Zahlungsfrist dem Kläger einen unverhältnismäßigen Nachteil bringt. Sie kann für den Gesamtbetrag oder einen Teilbetrag der Forderung erfolgen und von der Erfüllung gewisser Bedingungen abhängig gemacht werden.

[1]) Abs. 2 Satz 2 ist gemäß Bek. v. 8. Juni 1916 ersetzt durch die Worte:

Die Parteien haben die tatsächlichen Behauptungen glaubhaft zu machen.

[2]) Im Abs. 3 wird durch Bek. v. 8. Juni 1916 als Satz 1 eingefügt:

Die Zahlungsfrist wirkt wie eine von dem Gläubiger bewilligte Stundung.

[3]) § 2 ist eingefügt durch Bek. v. 20. Mai 1915.

§ 3[1]). Wird ein Anerkenntnisurteil nur wegen der Zahlungsfrist angefochten, so erfolgt die Anfechtung durch sofortige Beschwerde.

§ 4[2]). Auf Antrag des Schuldners kann das Amtsgericht, bei dem der Gläubiger seinen allgemeinen Gerichtsstand hat, für eine Forderung, die der Schuldner anerkennt, eine Zahlungsfrist bewilligen. Die Entscheidung, die ohne vorgängige mündliche Verhandlung ergehen kann, erfolgt durch Beschluß. Vor der Entscheidung ist der Gläubiger zu hören. Der Antrag ist abzulehnen, wenn die Forderung rechtshängig oder vollstreckbar ist. In dem Beschlusse, durch den die Zahlungsfrist bewilligt wird, ist die Verpflichtung des Schuldners zur Zahlung der anerkannten Forderung auszusprechen. Die Vorschriften des § 1 gelten entsprechend.

Gegen den Beschluß findet sofortige Beschwerde statt.

§ 5. Das Vollstreckungsgericht kann die Vollstreckung in das Vermögen des Schuldners auf dessen Antrag für die Dauer von längstens drei Monaten einstellen. Die Einstellung ist auch vor dem Beginne der Vollstreckung zulässig[3]). Die Frist beginnt mit der Bekanntmachung des Beschlusses an den Schuldner. Die Vorschriften des § 1 Abs. 1 Satz 2, 3, Abs. 2 sind entsprechend anzuwenden. Vor der Entscheidung kann das Gericht eine vorläufige Anordnung erlassen; gegen eine vorläufige Anordnung findet kein Rechtsmittel statt.[4])

Ist eine Zahlungsfrist bereits nach den §§ 1, 2, 4 bestimmt worden, so findet § 5 Abs. 1 keine Anwendung.

§ 6. Wird ein Rechtsstreit durch einen vor Gericht angeschlossenen oder dem Gerichte mitgeteilten Vergleich erledigt, so werden die Gerichtsgebühren nur zur Hälfte erhoben; über-

---

[1]) Eingefügt durch Bek. v. 20. Mai 1915.

[2]) Neue Fassung an Stelle des § 2 der Bek. v. 7. Aug. 1914.

[3]) Dieser Satz ist neu eingefügt durch Bek. v. 20. Mai 1915.

[4]) Satz 5 ist eingefügt durch Bek. v. 8. Juni 1916.

steigt der Streitgegenstand nicht einhundert Mark, so werden Gerichtsgebühren nicht erhoben.

[1]) Wird durch Endurteil über die Bewilligung einer Zahlungsfrist entschieden oder in einem Vergleich eine Zahlungsfrist bewilligt, so bleiben für die Berechnung der Gerichts- und Anwaltsgebühren die nur auf die Zahlungsfrist sich beziehenden Verhandlungen und Entscheidungen außer Betracht.

[In den Fällen der §§ 4 und 5 betragen die Gerichts- und Anwaltsgebühren zwei Zehnteile des Satzes des § 8 des Gerichtskostengesetzes und des § 9 der Gebührenordnung für Rechtsanwälte.][2]) Der Wert des Streitgegenstandes ist von dem Gerichte nach freiem Ermessen, höchstens jedoch auf den zwanzigsten Teil der Forderung festzusetzen.

§ 7. Diese Verordnung tritt mit dem Tage der Verkündung in Kraft.

bb) **Bekanntmachung, betreffend die Bewilligung von Zahlungsfristen bei Hypotheken und Grundschulden.** (BRV.) Vom 22. Dezember 1914 (RGBl. S. 543); in der Fassung der **Bekanntmachung vom 20. Mai 1915** (RGBl. S. 290 ff.) [aufgehoben durch **Bekanntmachung über die Geltendmachung von Hypotheken, Grundschulden und Rentenschulden** vom 8. Juni 1916 (RGBl. S. 454), siehe unten S. 98].

§ 1. Die Zahlungsfrist gemäß §§ 1, 2 der Verordnung vom 7. August 1914 (RGBl. S. 359) kann bis zu sechs Monaten

---

[1]) Abs. 2 und 3 sind neu eingefügt, dagegen ist der Abs. 2 des § 4 der Bek. v. 7. Aug. 1914 gestrichen.

[2]) An die Stelle von § 6 Abs. 3 Satz 1 treten gemäß Bekanntmachung vom 8. Juni 1916 folgende Vorschriften:

In den Fällen der §§ 3, 4 und 5 können die Kosten ganz oder teilweise dem Schuldner auferlegt werden, auch wenn seinem Antrag stattgegeben wird. Die Gerichts- und Anwaltsgebühren betragen zwei Zehnteile des Satzes des § 8 des Gerichtskostengesetzes und des § 9 der Gebührenordnung für Rechtsanwälte.

bestimmt werden, wenn der Rechtsstreit die Zahlung des Kapitals einer Hypothek oder einer Grundschuld oder der Ablösungssumme einer Rentenschuld betrifft.

§ 2. Die Einstellung der Zwangsvollstreckung (§ 3 der Verordnung vom 7. August 1914) wegen der im § 1 bezeichneten Ansprüche kann für die Dauer von längstens sechs Monaten erfolgen. Die Einstellung kann mehrfach erfolgen; sie ist auch zulässig, wenn eine Zahlungsfrist bereits bestimmt ist[1]).

§ 3. Diese Verordnung tritt mit dem Tage der Verkündung in Kraft.

2. **Folgen der nicht rechtzeitigen Zahlung einer Geldforderung. Bekanntmachung über die Folgen der nicht rechtzeitigen Zahlung einer Geldforderung.** (BRV.) Vom 18. August 1914 (RGBl. S. 377), in der Fassung der **Bekanntmachung vom 20. Mai 1915** (RGBl. S. 290 ff.), **abgeändert durch Bekanntmachung, betr. Änderung usw.** vom 8. Juni 1916 (BRV.) (RGBl. S. 451).

§ 1. In bürgerlichen Rechtsstreitigkeiten, die bei den ordentlichen Gerichten anhängig sind oder anhängig werden, kann das Prozeßgericht — unbeschadet der Befugnis, gemäß der Bekanntmachung vom 7. August 1914 (RGBl. S. 359) Zahlungsfristen zu bewilligen — auf Antrag des Schuldners im Urteil anordnen, daß [die besonderen][2]) Rechtsfolgen, die wegen der Nichtzahlung oder der nicht rechtzeitigen Zahlung einer vor dem 31. Juli 1914 entstandenen Geldforderung nach Gesetz oder Vertrag eingetreten sind oder eintreten (Verpflichtung zur Räumung wegen Nichtzahlung des Mietzinses, Fälligkeit des Kapitals wegen Nichtzahlung von Zinsen usw.), als nicht eingetreten gelten [das Gericht kann auch anordnen, daß die Folgen nur unter einer Bedingung, insbesondere erst nach dem fruchtlosen Ablauf einer auf höchstens drei Monate zu bemessenden Frist, eintreten][2]).

[1]) Dieser Satz ist neu eingefügt durch Bek. v. 20. Mai 1915. Dafür ist der ursprüngliche Abs. 2 gestrichen.

[2]) Die eingeklammerten Worte sind durch Bek. v. 8. Juni 1916 gestrichen worden.

Die Anordnungen sind unzulässig, wenn die Rechtsfolgen am 31. Juli 1914 bereits eingetreten waren.

Die Vorschriften des § 1 Abs. 1 Satz 2, 3, Abs. 2 Satz 2 sowie die Vorschriften des § 2 und des § 6 Abs. 2, 3[1]) der Bekanntmachung vom 7. August 1914 (RGBl. S. 359) in der Fassung der Bekanntmachung vom 20. Mai 1915 gelten entsprechend.

§ 2. Die Kosten des Prozesses können der obsiegenden Partei ganz oder teilweise auferlegt werden, wenn sie auf Grund einer gemäß § 1 getroffenen Anordnung obsiegt.

§ 3. Hat der Gläubiger für seine Forderung einen vollstreckbaren Titel, so kann der Schuldner den Antrag, die Rechtsfolgen der Nichtzahlung oder der nicht rechtzeitigen Zahlung zu beseitigen (§ 1), durch Einwendung gegen die Zulässigkeit der Vollstreckungsklausel (§ 732 der Zivilprozeßordnung) geltend machen Diese Bestimmung findet keine Anwendung, wenn bereits eine Anordnung nach § 1 getroffen worden ist.

§ 4. Diese Verordnung tritt mit dem Tage der Verkündung in Kraft.

3. Bewilligung von Zahlungsfristen an Kriegsteilnehmer.

aa) Bekanntmachung über die gerichtliche Bewilligung von Zahlungsfristen an Kriegsteilnehmer. (BRV.) Vom 8. Juni 1916 (RGBl. S. 452).

§ 1. Auf Antrag eines Schuldners, der Kriegsteilnehmer ist oder gewesen ist, kann die Zahlungsfrist gemäß §§ 1, 4 der Verordnung über die gerichtliche Bewilligung von Zahlungsfristen (RGBl. 1915 S. 290, 1916 S. 451) bis zu sechs Monaten bestimmt werden, wenn die wirtschaftliche Lage des Schuldners durch die Teilnahme am Kriege so wesentlich verschlechtert ist, daß sein Fortkommen gefährdet erscheint.

Der Antrag ist auch bei einer nach dem 31. Juli 1914 entstandenen Geldforderung zulässig, sofern die Forderung

[1]) Eingefügt durch Bek. v. 20. Mai 1915.

vor oder während der Teilnahme des Schuldners am Kriege entstanden ist.

Der Antrag darf nicht deshalb abgelehnt werden, weil anzunehmen ist, daß der Schuldner nach Ablauf der Frist zur Befriedigung des Gläubigers außerstande sein wird.

§ 2. Unter den im § 1 Abs. 1 und 2 bezeichneten Voraussetzungen kann die Einstellung der Zwangsvollstreckung (§ 5 der Verordnung über die gerichtliche Bewilligung von Zahlungsfristen) für die Dauer von längstens sechs Monaten erfolgen und ist auch zulässig, wenn eine Zahlungsfrist bereits bestimmt ist.

Die Vorschrift des § 1 Abs. 3 ist entsprechend anzuwenden.

§ 3. Auf Antrag des Gläubigers kann das Vollstreckungsgericht die Einstellung der Vollstreckung aufheben, wenn die Einstellung infolge nachträglicher wesentlicher Veränderungen der Umstände dem Gläubiger einen unverhältnismäßigen Nachteil bringen würde, insbesondere wenn die spätere Befriedigung des Gläubigers durch andere Zwangsvollstreckungen erheblich gefährdet wird.

Die Gerichts- und Anwaltsgebühren betragen zwei Zehnteile des Satzes des § 8 des Gerichtskostengesetzes und des § 9 der Gebührenordnung für Rechtsanwälte. Der Wert des Streitgegenstandes ist von dem Gericht nach freiem Ermessen, höchstens jedoch auf den zwanzigsten Teil der Forderung festzusetzen.

§ 4. Die Verordnung über die Folgen der nicht rechtzeitigen Zahlung einer Geldforderung (RGBl. 1915 S. 292, 1916 S. 451) findet, wenn der Schuldner Kriegsteilnehmer ist oder gewesen ist, auch bei den nach dem 31. Juli 1914 entstandenen Geldforderungen Anwendung, sofern sie vor oder während der Teilnahme des Schuldners am Kriege entstanden sind. Die Vorschrift des § 1 Abs. 1 ist entsprechend anzuwenden.

§ 5. Kriegsteilnehmer im Sinne dieser Verordnung sind außer den im § 2 Abs. 1 des Gesetzes, betreffend den Schutz der infolge des Krieges an der Wahrnehmung ihrer Rechte behinderten Personen, vom 4. August 1914 (RGBl. S. 328) bezeichneten Personen auch die Personen, die vermöge ihres Dienstverhältnisses, Amtes oder Berufes zu den immobilen Teilen der Land- oder Seemacht gehören.

§ 6. Diese Verordnung tritt mit dem Tage der Verkündung in Kraft. Der Reichskanzler bestimmt den Zeitpunkt des Außerkrafttretens.

bb) Ausdehnung auf Österreich-Ungarn.

Bekanntmachung, betreffend Ausdehnung der Verordnung über die Bewilligung von Zahlungsfristen an Kriegsteilnehmer vom 8. Juni 1916 (RGBl. S. 452) auf Kriegsteilnehmer verbündeter Staaten. (BRV.) Vom 8. Nov. 1917 (RGBl. S. 1021).

§ 1. Die Vorschriften über die Bewilligung von Zahlungsfristen an Kriegsteilnehmer vom 8. Juni 1916 (RGBl. S. 452) finden auf Kriegsteilnehmer eines verbündeten Staates insoweit Anwendung, als nach einer im Reichsgesetzblatt enthaltenen Bekanntmachung des Reichskanzlers die Gegenseitigkeit in diesem Staate verbürgt ist.

§ 2. Diese Verordnung tritt mit dem Tage der Verkündung in Kraft.

4. Geltendmachung von Hypotheken, Grundschulden und Rentenschulden.

aa) **Bekanntmachung über die Geltendmachung von Hypotheken, Grundschulden und Rentenschulden.** (BRV.) Vom 8. Juni 1916 (RGBl. S. 454).

I. Bewilligung von Zahlungsfristen.

§ 1. In bürgerlichen Rechtsstreitigkeiten über Ansprüche aus einer Hypothek, Grundschuld oder Rentenschuld kann das Prozeßgericht auf Antrag des Beklagten in dem Urteil eine Zahlungsfrist bestimmen, wenn die Lage des Beklagten dies rechtfertigt, es sei denn, daß die Zahlungsfrist dem Kläger einen unverhältnismäßigen Nachteil bringt. Bei Rechtsstreitigkeiten über Forderungen, für die eine Hypothek bestellt ist, gilt das gleiche, soweit der Eigentümer des belasteten Grundstücks zugleich der persönliche Schuldner ist.

Die Parteien haben die tatsächlichen Behauptungen glaubhaft zu machen.

§ 2. Die Zahlungsfrist kann für das Kapital der Hypothek oder Grundschuld oder für die Ablösungssumme der Rentenschuld bis zu einem Jahre, für Zinsen und andere Nebenleistungen bis zu sechs Monaten bemessen werden. Die Bestimmung der Frist kann für den Gesamtbetrag oder einen Teilbetrag des Anspruchs erfolgen und von der Erfüllung bestimmter Bedingungen abhängig gemacht werden.

Die Zahlungsfrist beginnt mit der Verkündung des Urteils.

§ 3. Der Antrag auf Bewilligung einer Zahlungsfrist darf bei Kapitalschulden nicht deshalb abgelehnt werden, weil anzunehmen ist, daß der Beklagte nach Ablauf der Frist zur Befriedigung des Klägers außerstande sein wird.

§ 4. Auf Antrag des Schuldners kann das Amtsgericht, bei dem der dingliche Gerichtsstand begründet ist, für einen Anspruch der im § 1 bezeichneten Art, den der Schuldner anerkennt, eine Zahlungsfrist bewilligen. Die Entscheidung, die ohne mündliche Verhandlung ergehen kann, erfolgt durch Beschluß. Vor der Entscheidung ist der Gläubiger zu hören. Der Antrag ist abzulehnen, wenn der Anspruch rechtshängig ist.

Die Vorschriften der §§ 1 bis 3 sind entsprechend anzuwenden. Die Zahlungsfrist beginnt mit der Bekanntmachung des Beschlusses an den Schuldner.

In dem Beschlusse, durch den die Zahlungsfrist bewilligt wird, ist die Verpflichtung des Schuldners zur Zahlung des anerkannten Anspruchs auszusprechen, sofern der Anspruch nicht schon vollstreckbar ist.

Hat der Gläubiger für seinen Anspruch bereits einen vollstreckbaren Schuldtitel, so ist in dem Beschlusse, durch den die Zahlungsfrist bewilligt wird, die Zwangsvollstreckung für die Dauer der bewilligten Frist für unzulässig zu erklären oder, wenn sie begonnen hat, für die Dauer der bewilligten

Frist einzustellen. Vor der Entscheidung kann das Gericht eine vorläufige Anordnung erlassen.

Gegen die Entscheidung über den Antrag auf Bewilligung der Zahlungsfrist findet sofortige Beschwerde, gegen eine vorläufige Anordnung findet kein Rechtsmittel statt.

§ 5. Für Kapitalschulden kann die Bewilligung einer Zahlungsfrist gemäß § 4 mehrfach erfolgen; sie ist auch zulässig, wenn eine Zahlungsfrist gemäß § 1 bereits bestimmt ist.

Für Zinsen und sonstige Nebenleistungen kann eine Zahlungsfrist nur einmal bestimmt werden.

§ 6. Die Zahlungsfrist wirkt wie eine von dem Gläubiger bewilligte Stundung. Der Zinsenlauf wird durch sie nicht berührt. Die Stundung bedarf nicht der Eintragung in das Grundbuch.

§ 7. Wird ein Anerkenntnisurteil nur wegen der Zahlungsfrist angefochten, so erfolgt die Anfechtung durch sofortige Beschwerde.

II. Beseitigung von Rechtsfolgen.

§ 8. In Rechtsstreitigkeiten über Ansprüche der im § 1 bezeichneten Art kann das Prozeßgericht auf Antrag des Schuldners im Urteil anordnen, daß Rechtsfolgen, die wegen der Nichtzahlung oder der nicht rechtzeitigen Zahlung einer Forderung oder auf Grund einer Verwirkungsabrede wegen anderer Umstände eingetreten sind oder eintreten (Fälligkeit des Kapitals wegen Nichtzahlung von Zinsen oder wegen Anordnung der Zwangsverwaltung, Erhöhung der Nebenleistungen usw.), als nicht eingetreten gelten.

Die Vorschriften des § 1 und des § 2 Abs. 1 Satz 2 sind entsprechend anzuwenden.

§ 9. Erkennt der Schuldner den Anspruch an, so kann auf seinen Antrag das Amtsgericht, bei dem der dingliche Gerichtsstand begründet ist, die im § 8 bezeichneten Anordnungen erlassen. Die Entscheidung, die ohne mündliche Verhandlung erfolgen kann, erfolgt durch Beschluß. Vor der

Entscheidung ist der Gläubiger zu hören. Der Antrag ist abzulehnen, wenn der Anspruch rechtshängig ist.

Die Vorschriften des § 1 und des § 2 Abs. 1 Satz 2 sind entsprechend anzuwenden.

Hat der Gläubiger für seinen Anspruch einen vollstreckbaren Schuldtitel, so sind in dem Beschlusse, soweit die Beseitigung der Rechtsfolgen angeordnet wird, bereits erfolgte Vollstreckungsmaßregeln aufzuheben. Vor der Entscheidung kann das Gericht die vorläufige Einstellung der Vollstreckung anordnen.

Gegen die Entscheidung über den Antrag auf Beseitigung der Rechtsfolgen findet sofortige Beschwerde, gegen eine vorläufige Anordnung findet kein Rechtsmittel statt.

III. Zwangsversteigerung.

§ 10. Auf Antrag des Schuldners kann die Zwangsversteigerung eines Gegenstandes des unbeweglichen Vermögens wegen eines Anspruchs der im § 1 bezeichneten Art für die Dauer von längstens sechs Monaten eingestellt werden, auch wenn die Bestimmung einer Zahlungsfrist abgelehnt oder nicht zulässig ist. Die Einstellung ist auch vor der Anordnung der Versteigerung zulässig. Sie kann mehrfach erfolgen.

Die Vorschriften des § 1 und des § 2 Abs. 1 Satz 2 sind entsprechend anzuwenden. Der Antrag ist abzulehnen, wenn fällige Ansprüche des betreibenden Gläubigers auf wiederkehrende Leistungen für zwei Jahre nicht gezahlt sind.

Erfolgt die Einstellung des Verfahrens nach der Anordnung der Versteigerung, so ist der Beschluß allen Beteiligten (§ 9 des Gesetzes über die Zwangsversteigerung und die Zwangsverwaltung, RGBl. 1898 S. 713) zuzustellen. Auf Antrag eines Beteiligten ist die Einstellung aufzuheben, wenn ihm fällige Ansprüche auf wiederkehrende Leistungen für zwei Jahre im Range vorgehen.

§ 11. Wird eine Zwangsversteigerung auf Grund des § 4 Abs. 4 oder des § 10 eingestellt, so beginnt die im § 31 Abs. 2 des Gesetzes über die Zwangsversteigerung und die Zwangsverwaltung vorgesehene Frist erst mit dem Ablauf der Frist, für deren Dauer die Einstellung angeordnet ist.

§ 12. Ergibt sich nach Schluß der Versteigerung, daß ein Anspruch, der ein Recht auf Befriedigung aus dem Gegenstande gemäß § 10 Nr. 2 oder Nr. 4 des Gesetzes über die Zwangsversteigerung und die Zwangsverwaltung gewährt, durch das Meistgebot nicht gedeckt wird, so kann, wenn dieser Anspruch innerhalb der ersten drei Vierteile des zur Berechnung des Reichsstempels für den Zuschlagsbeschluß festzusetzenden Wertes des Gegenstandes steht, auf Antrag des Berechtigten der Zuschlag versagt werden, sofern nicht der betreibende Gläubiger glaubhaft macht, daß ihm die Versagung des Zuschlags einen unverhältnismäßigen Nachteil bringt. Wird der Zuschlag versagt, so ist zugleich von Amtswegen ein neuer Versteigerungstermin zu bestimmen.

Die Versagung des Zuschlags kann mehrfach erfolgen.

IV. Schlußvorschriften.

§ 13. In einem Verfahren nach den §§ 1, 4, 8. 9 oder 10 dieser Verordnung hat das Gericht, sofern die Landeszentralbehörde von der ihr nach § 1 der Verordnung vom 15. Dezember 1914 (RGBl. S. 511) zustehenden Befugnis Gebrauch gemacht hat, das Einigungsamt vor der Entscheidung gutachtlich zu hören.

Die Vorschriften des § 4 Abs. 2 der Verordnung vom 15. Dezember 1914 sind entsprechend anzuwenden.

§ 14. Wird ein Rechtsstreit über einen Anspruch der im § 1 bezeichneten Art durch einen vor Gericht abgeschlossenen oder dem Gerichte mitgeteilten Vergleich erledigt, so werden die Gerichtsgebühren nur zur Hälfte erhoben; übersteigt der Streitgegenstand nicht einhundert Mark, so werden Gerichtsgebühren nicht erhoben.

§ 15. Wird durch Endurteil über die Bewilligung einer Zahlungsfrist oder die Beseitigung von Rechtsfolgen entschieden oder wird in einem Vergleich eine Zahlungsfrist oder die Beseitigung von Rechtsfolgen vereinbart, so bleiben für die Berechnung der Gerichts- und Anwaltsgebühren die nur auf die Zahlungsfrist oder die Beseitigung der Rechtsfolgen sich beziehenden Verhandlungen und Entscheidungen außer Betracht.

§ 16. In den Fällen der §§ 4, 7, 9 und 10 können die Kosten ganz oder teilweise dem Schuldner auferlegt werden, auch wenn seinem Antrag stattgegeben wird. Die Gerichts- und Anwaltsgebühren betragen zwei Zehnteile des Satzes des § 8 des Gerichtskostengesetzes und des § 9 der Gebührenordnung für Rechtsanwälte. Der Wert des Streitgegenstandes ist von dem Gerichte nach freiem Ermessen, höchstens jedoch auf den zwanzigsten Teil der Forderung festzusetzen.

§ 17. In den Fällen des § 8 können die Kosten des Rechtsstreits der obsiegenden Partei ganz oder teilweise auferlegt werden, wenn sie auf Grund einer gemäß dieser Vorschrift getroffenen Anordnung obsiegt.

§ 18. Wird der Zuschlag auf Grund des § 12 versagt, so dürfen für den Versteigerungstermin Gebühren und Auslagen nicht erhoben werden.

§ 19. Die Verordnungen über die gerichtliche Bewilligung von Zahlungsfristen, über die Folgen der nicht rechtzeitigen Zahlung einer Geldforderung und über die Bewilligung von Zahlungsfristen an Kriegsteilnehmer (RGBl. 1915 S. 290, 292; 1916 S. 451, 452) finden auf die im § 1 bezeichneten Ansprüche keine Anwendung.

Die Verordnung, betreffend die Bewilligung von Zahlungsfristen bei Hypotheken und Grundschulden (RGBl. 1915 S. 293) und die Verordnung über die Versagung des Zuschlags bei der Zwangsversteigerung von Gegenständen des unbeweglichen Vermögens vom 10. Dezember 1914 (RGBl. S. 499) werden aufgehoben.

§ 20. Diese Verordnung tritt mit dem Tage der Verkündung in Kraft. Der Reichskanzler bestimmt den Zeitpunkt des Außerkrafttretens.

Für ein bei dem Inkrafttreten der Verordnung schwebendes Verfahren nach den §§ 4 oder 5 der Verordnung über die gerichtliche Bewilligung von Zahlungsfristen sowie nach § 1 Abs. 3 oder § 3 der Verordnung über die Folgen der nicht rechtzeitigen Zahlung einer Geldforderung bleibt die bisherige Zuständigkeit bestehen.

bb) Einigungsämter.

Bekanntmachung, betreffend Einigungsämter. (BRV.) Vom 15. Dezember 1914 (RGBl. S. 511).

§ 1. Ist im Bezirk einer Gemeindebehörde eine kommunale oder gemeinnützige Anstalt (Einigungsamt) mit der Aufgabe betraut worden, zwischen Mietern und Vermietern oder zwischen Hypothekenschuldnern und Hypothekengläubigern zum Zwecke eines billigen Ausgleichs der Interessen zu vermitteln, so kann die Landeszentralbehörde anordnen, daß die Vorschriften der §§ 2 und 3 Geltung haben sollen.

§ 2. Mieter, Vermieter, Hypothekenschuldner, Hypothekengläubiger sind verpflichtet, auf Erfordern des Einigungsamts vor diesem zu erscheinen. Die Gemeindebehörde kann sie hierzu durch eine einmalige Ordnungsstrafe bis zu einhundert Mark anhalten.

Mieter und Hypothekenschuldner sind verpflichtet, über die für die Vermittlung erheblichen, von dem Einigungsamte bestimmt zu bezeichnenden Tatsachen Auskunft zu erteilen. Die Vorschrift im Abs. 1 Satz 2 findet entsprechende Anwendung.

Gegen die Festsetzung der Ordnungsstrafe (Abs. 1, 2) findet Beschwerde statt. Sie ist binnen zwei Wochen bei der Gemeindeaufsichtsbehörde zu erheben; diese entscheidet endgültig.

§ 3. Die Gemeindebehörde ist befugt, von den im § 2 Abs. 1 bezeichneten Personen eine Versicherung an Eidesstatt über die Richtigkeit und Vollständigkeit ihrer Auskunft entgegenzunehmen.

§ 4. Handelt es sich in einem Verfahren, in dem die §§ 1, 2 oder 3 der Bekanntmachung des Bundesrats vom 7. August 1914 (RGBl. S. 359) oder die §§ 1 oder 3 der Bekanntmachung des Bundesrats vom 18. August 1914 (RGBl. S. 377) Anwendung finden, um die Verpflichtung zur Zahlung des Mietzinses oder des Zinses für ein hypothekarisch sichergestelltes Darlehen oder die besonderen Rechtsfolgen, die wegen der Nichtzahlung oder der nicht rechtzeitigen Zahlung nach Gesetz oder Vertrag eingetreten sind oder eintreten, so hat das Gericht, sofern die Landeszentralbehörde von der ihr nach § 1 zustehenden Befugnis Gebrauch gemacht hat, das Einigungsamt vor der Entscheidung gutachtlich zu hören.

Der Gerichtsschreiber hat die Klage, die Ladung oder den Antrag in Abschrift dem Einigungsamt unverzüglich mitzuteilen. Das Einigungsamt ist verpflichtet, sein Gutachten mit tunlichster Beschleunigung dem Gerichte mitzuteilen.

§ 5. Wer die gemäß § 2 Abs. 2 von ihm erforderte Auskunft wissentlich falsch erteilt, wird mit Geldstrafe bis zu 1000 M. bestraft.

§ 6. Die Landeszentralbehörden erlassen die Bestimmungen zur Ausführung dieser Verordnung.

§ 7. Die aus Anlaß dieser Verordnung vorzunehmenden gerichtlichen Handlungen und das Verfahren vor dem Einigungsamt einschließlich aller hierfür erforderlichen Urkunden sind stempel- und gebührenfrei.

§ 8. Diese Verordnung tritt mit dem Tage der Verkündung in Kraft.

Verfahren vor dem Amtsgericht in Mieteinigungssachen
siehe oben S. 49.

6. Verfahren bei der Todeserklärung Kriegsverschollener.
siehe oben S. 36.

7. **Verfahren auf Grund der Bek. über den Schutz von Kriegsflüchtlingen** siehe oben S. 33.

8. **Verfahren auf Grund der Bek. über das Kündigungsrecht der Hinterbliebenen von Kriegsteilnehmern** siehe oben S. 32.

III. Kostengesetze.

Gesetz, betreffend Änderungen des Gerichtskostengesetzes, der Gebührenordnung für Rechtsanwälte und der Gebührenordnung für Gerichtsvollzieher. Vom 8. November 1916 (RGBl. S. 1263).

Art. I. Das Gerichtskostengesetz wird dahin geändert:

1. Im § 79 werden im Abs. 1 Nr. 2 hinter den Worten „zu entrichtenden Fernsprechgebühren" die Worte „einschließlich der mit diesen Gebühren auf Grund des Gesetzes vom 21. Juni 1916 (RGBl. S. 577) zu erhebenden Reichsabgabe" eingestellt.

2. Im § 80b werden

a) im Abs. 1 der Satz 2 durch folgende Vorschrift ersetzt:

Der einzelne Pauschsatz beträgt fünfzehn vom Hundert der zum Ansatz gelangenden Gebühr, jedoch mindestens zwanzig Pfennig und höchstens fünfundsiebzig Mark.

b) im Abs. 2 das Wort „fünfzig" durch das Wort „achtzig" und das Wort „einhundert" durch das Wort „einhundertfünfzig" ersetzt.

Art. II. Die Gebührenordnung für Rechtsanwälte wird dahin geändert:

Im § 76 werden

a) im Abs. 1 hinter dem Worte „Sendungen" die Worte „und der mit den Postgebühren auf Grund des Gesetzes vom 21. Juni 1916 (RGBl. S. 577) zu erhebenden Reichsabgabe" eingestellt;

b) im Abs. 2 die Worte „zwanzig vom Hundert" durch die Worte „dreißig vom Hundert", das Wort „dreißig" durch das Wort „fünfundvierzig", das Wort „fünfzig" durch das

Wort „achtzig“ und das Wort „zwei“ durch das Wort „drei“ ersetzt;

c) im Abs. 3 das Wort „vier“ durch das Wort „sechs“, das Wort „fünfzig“ durch das Wort „fünfundsiebzig“, das Wort „sechs“ durch das Wort „neun“ und das Wort „sechzig“ durch das Wort „neunzig“ ersetzt;

d) im Abs 5 das Wort „vier“ durch das Wort „sechs“ ersetzt.

Art. III. Die Gebührenordnung für Gerichtsvollzieher wird dahin geändert:

Im § 13 erhält die Nr. 2 folgende Fassung:

2. die Post- und Telegraphengebühren einschließlich der mit diesen Gebühren auf Grund des Gesetzes vom 21. Juni 1916 (RGBl. S. 577) zu erhebenden Reichsabgabe; der einzuziehende Betrag ist nötigenfalls auf volle Pfennig aufwärts abzurunden.

Art. IV. Soweit in Reichsgesetzen oder in Landesgesetzen auf Vorschriften der in den Artikeln I bis III bezeichneten Gesetze verwiesen ist, welche durch dieses Gesetz geändert werden, treten die entsprechenden Vorschriften dieses Gesetzes an ihre Stelle.

Art. V. Die Vorschriften dieses Gesetzes finden auf die vor seinem Inkrafttreten anhängig gewordenen Rechtssachen Anwendung. Dies gilt nicht, soweit die Instanz vor dem Tage des Inkrafttretens beendigt war.

Art. VI. Dieses Gesetz tritt am 16. November 1916 in Kraft.

Ferner enthalten eine Anzahl von Verordnungen Bestimmungen über die Gerichts und Anwaltskosten. Die für die neuen Verfahrensarten (Bewilligung von Zahlungsfristen usw.) zu berechnenden Kosten sind in den entsprechenden Verordnungen festgesetzt.

Eine allgemeine Bestimmung ist die des § 6 der Bekanntmachung über die gerichtliche Bewilligung von Zahlungsfristen vom 7. August 1914, 20. Mai 1915 (oben S. 93), wonach bei Beendigung eines Rechtsstreits durch Vergleich die Gerichtsgebühren nur zur Hälfte, bei einem Streitgegenstand von 100 Mark und darunter überhaupt nicht erhoben werden.

IV. Rechtsanwaltsordnung.

Bekanntmachung, betreffend die Stellvertretung von Rechtsanwälten und die Beschlußfähigkeit der Vorstände der Anwaltskammern. (BRB.) Vom 9. März 1916 (RGBl. S. 156).

§ 1. Ist ein Rechtsanwalt, für den gemäß § 25 der Rechtsanwaltsordnung ein Stellvertreter bestellt ist, gestorben, so sind Rechtshandlungen, die von dem Stellvertreter oder ihm gegenüber vor der Löschung des Rechtsanwalts vorgenommen worden sind, nicht deshalb unwirksam, weil der Rechtsanwalt zur Zeit der Bestellung des Vertreters oder zur Zeit der Vornahme der Rechtshandlung nicht mehr gelebt hat; die im § 244 der Zivilprozeßordnung vorgesehene Unterbrechung des Verfahrens tritt erst mit dem Zeitpunkt der Löschung des Rechtsanwalts ein.

Rechtshandlungen, die vor dem Inkrafttreten dieser Verordnung, aber nach dem 31. Juli 1914 vorgenommen worden sind, gelten als wirksam erfolgt, wenn sie bei Anwendung des Abs. 1 wirksam sein würden.

Ist der Rechtsanwalt vor dem Inkrafttreten dieser Verordnung, aber nach dem 31. Juli 1914 gestorben, so gilt die Unterbrechung des Verfahrens erst in dem Zeitpunkt als eingetreten, in welchem sie bei Anwendung des Abs. 1 eingetreten sein würde.

§ 2. Bei Feststellung der Beschlußfähigkeit des Vorstandes der Anwaltskammern (§ 55 Abs. 1 der Rechtsanwaltsordnung) werden Mitglieder nicht gezählt, die infolge des gegenwärtigen Krieges an der Teilnahme verhindert sind; jedoch ist zur Beschlußfähigkeit die Teilnahme eines Drittels der Mitglieder erforderlich.

§ 3. Diese Verordnung tritt mit dem Tage der Verkündung in Kraft. Den Zeitpunkt des Außerkrafttretens bestimmt der Reichskanzler.

V. Zwangsvollstreckung.

a) Allgemeine Vorschriften.

1. **Zwangsvollstreckung gegen Kriegsteilnehmer** unterliegt den Beschränkungen des § 5 des Gesetzes vom 4. August 1914, siehe oben S. 23.

2. **Zwangsvollstreckung seitens ausländischer Gläubiger** ist gemäß § 1 der Bekanntmachung vom 7. August 1914 (unten S. 124) unzulässig. (Dies ist jedoch bestritten.) Der Reichskanzler kann Ausnahmen zulassen; siehe ferner Bekanntmachung vom 18. Februar 1916 über die Vollstreckung von Kostenentscheidungen (S. 126).

3. **Zwangsvollstreckung in das Vermögen feindlicher Staatsangehöriger** ist eingeschränkt oder von einer Genehmigung abhängig gemacht, auch kann die Aufhebung von Vollstreckungsmaßnahmen gefordert werden.

Vgl. dazu § 1 der Bekanntmachung, betreffend die Überwachung und zwangsweise Verwaltung ausländischer Unternehmungen, vom 24. August 1916 (unten S. 155),

§ 7 der Bekanntmachung über die Anmeldung des inländischen Vermögens feindlicher Staatsangehöriger, vom 7. Oktober 1915 (unten S. 159),

§ 5 Abs. 2 der Bekanntmachung, betreffend Liquidation britischer Unternehmungen, vom 31. Juli 1916 (unten S. 164),

die Bekanntmachungen vom 23. März 1916 und 12. Juli 1917, betreffend Maßnahmen gegen das Vermögen landesflüchtiger Personen (unten S. 178),

§ 5 Abs. 2 der Bekanntmachung über den Treuhänder für das feindliche Vermögen vom 19. April 1917 (unten S. 174).

b) Zwangsvollstreckung in das bewegliche Vermögen.

1. Mindestgebot bei Versteigerungen.

Bekanntmachung über das Mindestgebot bei der Versteigerung gepfändeter Sachen. (BRV.) Vom 8. Okt. 1914 (RGBl. S. 427).

§ 1. Soweit eine Zwangsvollstreckung in körperliche Sachen nach den Vorschriften der Zivilprozeßordnung stattfindet, ist der gewöhnliche Verkaufswert der gepfändeten Sachen vor der Versteigerung zu schätzen.

Die Schätzung erfolgt durch den Gerichtsvollzieher. Ist gemäß § 813 der Zivilprozeßordnung zur Pfändung ein Sachverständiger zugezogen, so hat dieser die Schätzung vorzunehmen. Mit der Schätzung gepfändeter Wertpapiere, die einen Börsen- oder Marktpreis nicht haben, hat der Gerichtsvollzieher einen kaufmännischen Sachverständigen zu beauftragen; bei der Schätzung darf der gewöhnliche Verkaufswert solcher Wertpapiere, die in der letzten Woche vor dem 31. Juli 1914 noch einen Börsen- oder Marktpreis hatten, nicht unter dem letzten in dieser Woche amtlich notierten Markt- oder Börsenpreis festgestellt werden. In anderen Fällen kann der Gerichtsvollzieher einen Sachverständigen mit der Schätzung beauftragen.

Die Schätzung soll tunlichst bei der Pfändung erfolgen. In diesem Falle ist ihr Ergebnis in das Protokoll aufzunehmen.

Für Kostbarkeiten bewendet es bei der Vorschrift im § 814 der Zivilprozeßordnung.

§ 2. Das Vollstreckungsgericht kann auf Antrag des Gläubigers oder des Schuldners die Schätzung durch einen Sachverständigen anordnen.

§ 3. Bei der Versteigerung der gepfändeten Sachen darf unbeschadet der Vorschrift im § 820 der Zivilprozeßordnung der Zuschlag nur auf ein Gebot erteilt werden, das mindestens die Hälfte des gewöhnlichen Verkaufswertes erreicht (Mindestgebot).

Bei Wertpapieren, die von den auf Grund des Darlehnskassengesetzes vom 4. August 1914 (RGBl. S. 340) errichteten Darlehnskassen beliehen werden, darf das Mindestgebot nicht hinter dem Betrage zurückbleiben, zu dem die Darlehnskassen Wertpapiere dieser Art beleihen.

Der gewöhnliche Verkaufswert und das Mindestgebot sind bei dem Ausbieten bekanntzugeben.

§ 4. Wird der Zuschlag nicht erteilt, weil ein das Mindestgebot erreichendes Gebot nicht abgegeben ist, so bleibt das Pfandrecht des Gläubigers bestehen. Er kann jederzeit die Anberaumung eines neuen Versteigerungstermins oder die Anordnung anderweitiger Verwertung der gepfändeten Sachen gemäß § 825 der Zivilprozeßordnung beantragen. Wird die anderweitige Verwertung angeordnet, so gilt § 3 entsprechend.

§ 5. Diese Verordnung tritt nach Ablauf einer Woche seit dem Tage der Verkündung in Kraft. Den Zeitpunkt des Außerkrafttretens bestimmt der Reichskanzler.

2. Tabak.

Verfügungen im Wege der Zwangsvollstreckung oder Arrestvollziehung — sowie rechtsgeschäftliche Verfügungen — über

a) den im Inland vorhandenen oder aus dem Auslande eingeführten Zigarettenrohtabak,

b) über anderen Rohtabak

dürfen nur

zu a mit Zustimmung der Deutschen Zigaretten-Einkaufs-Ges. m. b. H. in Dresden

gemäß § 2 der Bekanntmachung über Zigarettenrohtabak vom 20. Oktober 1917 (RGBl. S. 945),

zu b mit Zustimmung der Gesellschaft, für welche der Tabak beschlagnahmt worden ist,

gemäß der Bekanntmachung über Rohtabak vom 10. Oktober 1916 (RGBl. S. 1145)

erfolgen.

3. Web-, Strick- und Wirkwaren.

Die **Reichsbekleidungsstelle** hat auf Grund der Bekanntmachung vom 22. März 1917 (RGBl. S. 257) Vorschriften über die Versteigerung von gepfändeten Web- und Wirkwaren erlassen, deren wichtigste folgende sind:

1. Die in der jeweiligen Freiliste verzeichneten Gegenstände dürfen nach wir vor versteigert werden, soweit es sich nicht um in Gebrauch gewesene Kleidungs- und Wäschestücke oder um getragene Schuhwaren handelt.

2. Alle in Gebrauch gewesenen Kleidungs- und Wäschestücke sowie getragene Schuhwaren dürfen nur an die behördlich zugelassenen Personen und Stellen, die Annahmestellen der Kommunalverbände, entgeltlich veräußert werden. Dazu wird die Genehmigung des Vollstreckungsgerichts gemäß § 825 der Zivilprozeßordnung einzuholen sein.

3. Neusachen und Altsachen außer den Gegenständen unter 2 (z. B. alte Decken, Vorhänge usw.)

dürfen an Verbraucher nicht veräußert werden. Gerichtsvollzieher können diese Sachen nur an Wiederverkäufer im Wege freihändigen Verkaufs — unbehindert durch die Bestimmungen der Bekanntmachungen vom 10. Juni und 23. Dezember 1916 über die Regelung des Verkehrs mit Web-, Wirk- und Strickwaren — mit Genehmigung des Vollstreckungsgerichts gemäß § 825 der Zivilprozeßordnung verkaufen.

4. Lohn-, Gehalts- und Ruhegehaltsansprüche.

Bekanntmachung über die Einschränkung der Pfändbarkeit von Lohn-, Gehalts- und ähnlichen Ansprüchen). (BRV.) Vom 17. Mai 1915 (RGBl. S. 285).

§ 1. An die Stelle der im § 850 Abs. 2, 3 der Zivilprozeßordnung und im § 4 Nr. 4 des Gesetzes vom 21. Juni 1869 (Bundes-Gesetzbl. 1869 S. 242 und 1871 S. 63, Reichs-Gesetzbl. 1897 S. 159, 1898 S. 332)[1]) vorgesehenen Summe von ein-

[1]) Nach den im § 1 dieser Bekanntmachung angezogenen Gesetzesparagraphen handelt es sich außer um Lohn- und Gehaltsansprüche noch um Witwen- und Waisenpensionen, Er-

tausendfünfhundert Mark tritt bis auf weiteres die Summe von zweitausend Mark.

§ 2. Diese Verordnung tritt mit dem Tage der Verkündung in Kraft. Den Zeitpunkt des Außerkrafttretens bestimmt der Reichskanzler.

Ist ein Anspruch der im § 850 Abs. 1, Nr. 1, 7, 8, Abs. 3 der Zivilprozeßordnung bezeichneten Art vor dem Inkrafttreten dieser Verordnung gepfändet, so verliert die Pfändung hinsichtlich später fällig werdender Bezüge ihre Wirksamkeit, soweit sie bei Anwendung des § 1 unzulässig sein würde. Dies gilt entsprechend für eine vor dem Inkrafttreten der Verordnung erfolgte Aufrechnung, Abtretung oder Verpfändung[1]).

Bekanntmachung über die Pfändung des Ruhegeldes der im Privatdienst angestellten Personen. (BRV.) Vom 22. März 1917 (RGBl. S. 254).

§ 1. Das Ruhegehalt der im Privatdienst angestellten Personen ist der Pfändung nur insoweit unterworfen, als der Gesamtbetrag die Summe von zweitausend Mark für das Jahr übersteigt.

Die Vorschriften des § 4 Nr. 2, 3 und des § 4a des Gesetzes, betreffend die Beschlagnahme des Arbeits- oder Dienstlohns, vom 21. Juni 1869 (Bundes-Gesetzbl. 1869 S. 242 und 1871 S. 63, Reichs-Gesetzbl. 1897 S. 159, 1898 S. 332) finden entsprechende Anwendung.

§ 2. Gesetzliche Vorschriften, die über die Pfändung von Ruhegeld der im § 1 bezeichneten Art abweichende Bestimmungen treffen, bleiben unberührt.

---

ziehungsgelder, Pensionen invalider Arbeiter, Diensteinkommen der Offiziere, Militärärzte, Beamten, Geistlichen, Ärzte und Lehrer an öffentlichen Anstalten sowie die Pensionen dieser Personen und das den Hinterbliebenen zu gewährende Sterbe- und Gnadengehalt; ferner um die nach § 843 BGB. wegen Körperverletzung zu entrichtende Geldrente.

[1]) Siehe auch Anhang.

§ 3. Die Verordnung tritt am 26. März 1917 in Kraft. Den Zeitpunkt des Außerkrafttretens bestimmt der Reichskanzler.

Ist ein Anspruch der im § 1 bezeichneten Art vor dem Inkrafttreten dieser Verordnung gepfändet, so verliert die Pfändung hinsichtlich später fällig werdender Bezüge ihre Wirksamkeit, soweit sie bei Anwendung des § 1 unwirksam sein würde. Dies gilt entsprechend für eine vor dem Inkrafttreten der Verordnung erfolgte Aufrechnung, Abtretung oder Verpfändung.

Bek. über Lohnpfändung vom 13. Dezember 1917 siehe Anhang.

5. Pfändung von Forderungen an die Kriegskasse aus der Überlassung von Pferden, Fahrzeugen und Geschirren

siehe Bek. vom 12. August 1914 (RGBl. S. 370) oben S. 40.

c) Zwangsvollstreckung in das unbewegliche Vermögen.

1. Allgemeines.

Öffentliche Lasten.

Bekanntmachung über den dinglichen Rang öffentlicher Lasten. (BRV.) Vom 22. April 1915 (RGBl. S. 235).

§ 1. Die Ansprüche auf Entrichtung von öffentlichen Lasten eines Grundstücks, die nicht in wiederkehrenden Leistungen bestehen, gewähren bis auf weiteres ein Recht auf Befriedigung im Range der dritten Klasse des § 10 Nr. 3 des Gesetzes über die Zwangsversteigerung und die Zwangsverwaltung, soweit sie am 1. Januar 1915 noch nicht zwei Jahre rückständig waren.

§ 2. Diese Verordnung tritt mit dem Tage der Verkündung in Kraft.

Sie tritt mit Beendigung des Kriegszustandes außer Kraft. Den Zeitpunkt, mit dem der Kriegszustand als beendet anzusehen ist, bestimmt der Bundesrat. Ist in einem Zwangsversteigerungsverfahren die Beschlagnahme des Grundstücks vor diesem Zeitpunkt erfolgt, so bleiben für dieses Verfahren die Vorschriften des § 1 in Geltung.

Bekanntmachung über wiederkehrende öffentliche Lasten von Grundstücken. (BRV.) Vom 12. Juli 1917 (RGBl. S. 604).

§ 1. Ansprüche auf Entrichtung wiederkehrender öffentlicher Lasten eines Grundstücks, für die nach dem 1. August 1914 von der zuständigen Behörde Ausstand gewährt worden ist, gelten im Sinne des § 10 Nr. 3 des Gesetzes über die Zwangsversteigerung und Zwangsverwaltung (RGBl. 1898 S. 713) als Ansprüche auf Entrichtung laufender Beträge. Die Landeszentralbehörde bestimmt, welche Behörde zuständig ist.

§ 2. Sind wiederkehrende Leistungen der bezeichneten Art für zwei Jahre nicht gezahlt, so hat die Behörde (§ 1) dem Grundbuchamt und dieses den Beteiligten, für die ein Recht im Grundbuch eingetragen oder durch Eintragung gesichert ist, Mitteilung zu machen. Für die Mitteilung des Grundbuchamts werden Schreibgebühren erhoben, die dem Eigentümer des Grundstücks zur Last fallen.

§ 3. Diese Verordnung tritt am 16. Juli 1917 in Kraft.

Sie tritt gleichzeitig mit der Verordnung über den dinglichen Rang öffentlicher Lasten vom 22. April 1915 (RGBl. S. 235) außer Kraft. Ist vor dem Außerkrafttreten der Verordnung die Beschlagnahme des Grundstücks in einem Zwangsversteigerungs- oder Zwangsverwaltungsverfahren erfolgt, so bleiben für dieses Verfahren die Vorschriften des § 1 in Geltung.

2. Zwangsversteigerung.

aa) Versagung des Zuschlags.

Bekanntmachung über die Versagung des Zuschlages bei der Zwangsversteigerung von Gegenständen des unbeweglichen Vermögens. Vom 10. Dezember 1914 (RGBl. S. 499)

ist aufgehoben worden durch § 19 der Bekanntmachung über die Geltendmachung von Hypotheken, Grundschulden und Rentenschulden vom 8. Juni 1916 (RGBl. S. 454) (siehe oben S. 98), da der § 12 über die Versagung des Zuschlags Bestimmungen trifft.

bb) Zahlung des Bargebots.

Bekanntmachung über die Zahlung des Bargebots bei Zwangsversteigerungen. (BRV.) Vom 24. Mai 1917 (RGBl. S. 432).

§ 1. Einer Hinterlegung im Sinne des § 49 Abs. 3 und des § 65 Abs. 1 Satz 4 des Gesetzes über die Zwangsversteigerung und die Zwangsverwaltung (RGBl. 1898 S. 713) steht die Einzahlung an die Gerichtskasse oder an eine von der Landeszentralbehörde bestimmte Kasse gleich. Eine Anweisung auf den eingezahlten Betrag steht einer Anweisung auf den hinterlegten Betrag (§ 117 Abs. 3) gleich.

§ 2. Diese Verordnung tritt mit dem Tage der Verkündung in Kraft. Der Reichskanzler bestimmt, wann sie außer Kraft tritt.

cc) Sicherheitsleistung.

Bekanntmachung über die Sicherheitsleistung mit Wertpapieren. Vom 22. Dezember 1914 (RGBl. S. 541). Siehe oben S. 39.

3. Zwangsverwaltung.

Bekanntmachung über die Zwangsverwaltung von Grundstücken. (BRV.) Vom 22. April 1915 (RGBl. S. 233).

§ 1. Bei der Einleitung der Zwangsverwaltung eines Grundstücks ist der Schuldner zum Verwalter zu bestellen, wenn er bereit ist, die Verwaltung zu übernehmen, und wenn anzunehmen ist, daß er sie ordnungsmäßig führen wird. Zur Beaufsichtigung seiner Geschäftsführung hat das Gericht eine Aufsichtsperson zu bestellen, die für ihre Tätigkeit keine Vergütung erhält; Aufsichtsperson kann auch der Gläubiger, eine Behörde oder ein Einigungsamt sein. Findet sich keine geeignete Aufsichtsperson, die zur Übernahme der Aufsicht ohne Vergütung bereit ist, so ist von der Bestellung des Schuldners zum Verwalter abzusehen.

Die Vorschrift des Abs. 1 gilt entsprechend für den gesetzlichen Vertreter des Schuldners und, wenn der Schuldner ein Kriegsteilnehmer ist (§ 2 des Gesetzes vom 4. August 1914,

RGBl. S. 328), für den von ihm zur Wahrnehmung seiner Rechte bestellten Vertreter.

§ 2. Für die Aufsichtsperson gelten der § 81 Abs. 2, die §§ 82, 83, der § 84 Abs. 1 Satz 1 und Abs. 2 der Konkursordnung entsprechend. Gerichtliche Anordnungen, die dem Verwalter zugestellt werden, sind auch der Aufsichtsperson zuzustellen. Sie hat dem Gericht unverzüglich Anzeige zu erstatten, wenn der Schuldner die Verwaltung nicht ordnungsmäßig führt.

Der Schuldner ist verpflichtet, der Aufsichtsperson Einsicht in seine das Grundstück betreffenden Bücher und Aufzeichnungen zu gewähren und Auskunft über das Grundstück zu geben.

Der Schuldner kann — unbeschadet der Vorschriften der §§ 155 bis 158 des Gesetzes über die Zwangsversteigerung und die Zwangsverwaltung (RGBl. 1898 S. 713) — über die Nutzungen des Grundstücks nur mit Zustimmung der Aufsichtsperson verfügen. Zur Einziehung von Ansprüchen, auf die sich die Beschlagnahme erstreckt, ist der Schuldner ohne diese Zustimmung befugt; er ist jedoch verpflichtet, die Beträge, die zu den erforderlichen Zahlungen zurzeit nicht notwendig sind, alsbald an die Aufsichtsperson abzuführen, die sie nach näherer Anordnung des Gerichts verzinslich anzulegen hat.

§ 3. Gehört zu den Beteiligten eine unter staatlicher Aufsicht stehende Anstalt und wird der Schuldner oder sein Vertreter nicht zum Verwalter bestellt (§ 1), so kann die Anstalt innerhalb einer ihr vom Gerichte zu bestimmenden Frist eine in ihrem Dienste befindliche Person als Verwalter vorschlagen.

Das Gericht hat den Vorgeschlagenen zum Verwalter zu bestellen, sofern er nicht dazu ungeeignet ist; er erhält für seine Tätigkeit keine Vergütung.

§ 4. Wird ein Verwalter weder nach § 1 noch nach § 3 bestellt, so ist der Gläubiger zu bestellen, falls er sich erbietet, die Verwaltung ohne Vergütung zu übernehmen, und anzunehmen ist, daß er sie ordnungsmäßig führen wird.

§ 5. Ist die Zwangsverwaltung angeordnet, weil der Schuldner infolge des Krieges außerstande ist, die aus dem Grundstück zu befriedigenden Ansprüche zu erfüllen, so dürfen für die Anordnung und das Verfahren Gebühren nicht erhoben werden.

Einem Verwalter, der auf Grund der §§ 1, 3 oder 4 bestellt ist, darf das Gericht die Leistung einer Sicherheit nicht auferlegen.

§ 6. Diese Verordnung tritt mit dem Tage der Verkündung in Kraft. Den Zeitpunkt des Außerkrafttretens bestimmt der Reichskanzler.

In den zur Zeit des Inkrafttretens der Verordnung bereits angeordneten Zwangsverwaltungen kann das Gericht an Stelle des bisherigen Verwalters nach Maßgabe der §§ 1, 3 oder 4 einen anderen Verwalter bestellen; geschieht dies, so sind von dieser Zeit an die Vorschriften dieser Verordnung anzuwenden.

Der § 5 Abs. 1 gilt auch für die zur Zeit des Inkrafttretens der Verordnung angeordneten Zwangsverwaltungen; bereits erhobene Gebühren werden nicht zurückgezahlt.

VI. Konkurs.

a) Geschäftsaufsicht.

Die **Bekanntmachung, betreffend die Anordnung einer Geschäftsaufsicht zur Abwendung des Konkursverfahrens** (BRV.), vom 8. August 1914 (RGBl. S. 363) ist ersetzt worden durch die **Bekanntmachung über die Geschäftsaufsicht zur Abwendung des Konkurses.** (BRV.) Vom 14. Dezember 1916 (RGBl. S. 1363).

Diese Bekanntmachung gelangt hier nicht zum Abdruck (vgl. Vorwort).

b) Anfechtungsfristen gegenüber Kriegsteilnehmern.

Bek., betreffend die Erstreckung von Anfechtungsfristen gegenüber Kriegsteilnehmern (BRV.), vom 5. Juli 1917 (RGBl. S. 590), abgedruckt oben S. 27.

c) Konkursanträge gegen feindliches Vermögen.

Vgl. § 1 der **Bek., betr. die Überwachung und zwangsweise Verwaltung ausländischer Unternehmungen,** vom 24. Aug. 1916 (unten S. 155),

§ 5 Abs. 2 der **Bek., betr. die Liquidation britischer Unternehmungen,** vom 31. Juli 1916 (unten S. 164),

die **Bek. vom 23. März 1916 und 12. Juli 1917, betr. Maßnahmen gegen das Vermögen landesflüchtiger Personen** (S. 178),

§ 5 Abs. 3 der **Bek. über den Treuhänder für das feindliche Vermögen,** vom 19. April 1917 (unten S. 174).

E. Freiwillige Gerichtsbarkeit.

I. In Heer und Marine.

a) **Bekanntmachung über die freiwillige Gerichtsbarkeit in Heer und Marine.** (BRV.) Vom 14. Januar 1915 (RGBl. S. 18).

§ 1. Die §§ 1 bis 4, 6, 7 des Gesetzes, betreffend die freiwillige Gerichtsbarkeit und andere Rechtsangelegenheiten in Heer und Marine, vom 28. Mai 1901 (RGBl. S. 185) finden auf die Kaiserliche Marine entsprechende Anwendung.

Die Vorschriften des § 184 des Gesetzes über die Angelegenheiten der freiwilligen Gerichtsbarkeit vom 17. Mai 1898 (RGBl. S. 771) und des § 5 des Gesetzes, betreffend die freiwillige Gerichtsbarkeit und andere Rechtsangelegenheiten in Heer und Marine, vom 28. Mai 1901 (RGBl. S. 185) bleiben unberührt.

§ 2. Der § 44 des Reichsmilitärgesetzes findet auf die Kaiserliche Marine auch außer den Fällen des Art. 44 des Einführungsgesetzes zum Bürgerlichen Gesetzbuch entsprechende Anwendung.

Für die Personen, die sich an Bord eines Schiffes oder Fahrzeuges der Kaiserlichen Marine befinden, beginnt die Befugnis, privilegierte militärische letztwillige Verfügungen zu errichten mit der Einschiffung; die Frist, mit deren Ablauf die Verfügungen ihre Gültigkeit verlieren, beginnt mit der Ausschiffung.

§ 3. Für die öffentliche Beglaubigung der Unterschrift einer der im § 1 Nr. 1, 6, 7, 8 der Militärstrafgerichtsordnung vom 1. Dezember 1908 bezeichneten Personen sind im Felde außer den Kriegsgerichtsräten und den Oberkriegsgerichtsräten (§ 1 des Gesetzes, betreffend die freiwillige Gerichtsbarkeit in Heer und Marine) auch die militärischen Disziplinarvorgesetzten oder die vorgesetzten Beamten sowie die Gerichtsoffiziere zuständig.

§ 4. Für die öffentliche Beglaubigung einer Unterschrift gemäß § 3 dieser Verordnung gelten die Vorschriften des § 183 des Gesetzes über die Angelegenheiten der freiwilligen Gerichtsbarkeit entsprechend; die Gültigkeit der im Felde erfolgten öffentlichen Beglaubigung einer Unterschrift wird nicht berührt, wenn der Beglaubigungsvermerk den Vorschriften des § 183 Abs. 2 des Gesetzes nicht entspricht.

§ 5. Für die öffentliche Beglaubigung einer Unterschrift im Felde dürfen Stempelabgaben nicht erhoben werden.

§ 6. Diese Verordnung tritt mit dem Tage ihrer Verkündung in Kraft.

Ist eine Urkunde nach dem 1. August 1914 von einem Beamten oder Offizier aufgenommen worden, der nach den Vorschriften dieser Verordnung hierzu befugt gewesen wäre, so gilt sie als von einem zuständigen Beamten oder Offizier im Felde aufgenommen.

Der § 2 dieser Verordnung gilt für alle nach dem 1. August 1914 errichteten letztwilligen Verfügungen, bei deren Errichtung seine Voraussetzungen vorlagen.

Der § 4 dieser Verordnung gilt für alle nach dem 1. August 1914 erfolgten öffentlichen Beglaubigungen von Unterschriften.

b) **Bekanntmachung über die freiwillige Gerichtsbarkeit und andere Rechtsangelegenheiten in Heer und Marine.** (BRB.) Vom 8. März 1917 (RGBl. S. 219).

§ 1. Die im Felde (§ 5 des Einführungsgesetzes zur Militärstrafgerichtsordnung) von einer militärischen Urkundsperson aufgenommenen oder von einer militärischen Behörde oder einer der im § 1 Nr. 1, 6, 7, 8 der Militärstrafgerichtsordnung bezeichneten Personen errichteten Urkunden bedürfen zu ihrer Rechtsgültigkeit keiner Ortsangabe. Sie sollen die Bezeichnung der Dienststelle enthalten, der der Aufnehmende oder Errichtende angehört; wird die Erklärung eines anderen aufgenommen, so soll auch die Dienststelle, der dieser angehört, in der Urkunde bezeichnet werden.

§ 2. Der öffentlichen Beglaubigung der Unterschrift eines Deutschen, der sich als Kriegsgefangener in feindlicher Gewalt befindet, steht es gleich, wenn zwei weitere Kriegsgefangene schriftlich bezeugen, daß die Unterschrift von dem durch sie Bezeichneten herrührt. Die Zeugen müssen deutsche Militärpersonen sein und mindestens im Range eines Unteroffiziers stehen.

Zum Beweise der Echtheit einer solchen Urkunde genügt ein schriftliches, mit dem Dienstsiegel oder -stempel versehenes Zeugnis einer ausländischen Dienststelle, der die Unterschriftszeugen unterstehen.

§ 3. Die Bestimmungen der §§ 1 und 2 dieser Verordnung gelten für alle nach dem 1. August 1914 aufgenommenen oder errichteten Urkunden der bezeichneten Art.

§ 4. Die im § 1 Nr. 1, 6, 7, 8 der Militärstrafgerichtsordnung bezeichneten Personen können im Felde die weitere

Beschwerde gemäß § 27 des Reichsgesetzes über die Angelegenheiten der freiwilligen Gerichtsbarkeit und gemäß § 78 der Grundbuchordnung durch Erklärung zum Protokoll eines Kriegsgerichtsrats, eines Oberkriegsgerichtsrats, eines Disziplinarvorgesetzten, eines vorgesetzten Beamten oder eines Gerichtsoffiziers einlegen.

Die Einlegung der Beschwerde in der bezeichneten Form genügt im Falle der sofortigen weiteren Beschwerde zur Wahrung der Notfrist.

§ 5. Diese Verordnung tritt mit dem Tage ihrer Verkündung in Kraft.

II. In den besetzten Gebieten.

a) **Bekanntmachung über die Beglaubigung von Unterschriften und die Legalisation von Urkunden in den besetzten Gebieten.**
(BRV.) Vom 20. Januar 1916 (RGBl. S. 48).

§ 1. In den besetzten Gebieten Belgiens und Frankreichs, soweit sie unter der Verwaltung des Kaiserlichen Generalgouverneurs in Brüssel stehen, sind die Präsidenten der Zivilverwaltung befugt, die nach den Vorschriften eines deutschen Gesetzes erforderliche Beglaubigung einer Unterschrift oder eines Handzeichens vorzunehmen. Für die Beglaubigung gelten die Vorschriften des § 183 des Gesetzes über die Angelegenheiten der freiwilligen Gerichtsbarkeit (RGBl. 1898 S. 771) entsprechend.

Der Reichskanzler kann auch anderen Dienststellen der Zivilverwaltung diese Befugnis verleihen.

§ 2. Die Präsidenten der Zivilverwaltung in den im § 1 bezeichneten Gebieten sind befugt, Urkunden, die in ihrem Amtsbezirk ausgestellt oder beglaubigt sind, zu legalisieren. Die Legalisation hat dieselbe Wirkung wie die Legalisation durch einen Konsul oder Gesandten des Reichs.

§ 3. Der Reichskanzler kann anordnen, daß die Vorschriften der §§ 1, 2 für andere besetzte Gebiete entsprechend gelten, und die dort zuständigen Dienststellen bestimmen.

§ 4. Diese Verordnung tritt mit dem Tage ihrer Verkündung in Kraft. Der Reichskanzler bestimmt, wann und inwieweit die Verordnung außer Kraft tritt.

b) **Ausdehnung auf andere Gebiete.**

Die §§ 1 und 2 dieser Verordnungen sind ausgedehnt

1. durch Bekanntmachung des Reichskanzlers vom 6. Mai 1916 (RGBl. S. 364) auf **die dem Oberbefehlshaber Ost unterstellten russischen Gebiete**; für die öffentlichen Beglaubigungen sind die dortigen Friedensgerichte, für die Legalisationen die dortigen Chefs der Verwaltungen zuständig,

2. durch Bekanntmachung des Reichskanzlers vom 31. Juli 1916 (RGBl. S. 874) auf **das Gebiet des Generalgouvernements Warschau**; für die öffentlichen Beglaubigungen sind die dortigen Bezirksgerichte (Aufsichtsrichter) und Kaiserlich Deutschen Justizkommissare, für gerichtliche Beglaubigungen in Warschau das Bezirksgericht II zuständig, während die Legalisationen zur Zuständigkeit des Verwaltungschefs beim Generalgouvernement Warschau gehören,

3. durch Bekanntmachung des Reichskanzlers vom 25. November 1916 (RGBl. S. 1299) auf **das besetzte Gebiet von Longwy und Briey**; für die öffentlichen Beglaubigungen sind der Chef der Zivilverwaltung beim Gouvernement Metz für dieses Gebiet, der Vorsitzende und Einzelrichter des deutschen Gerichts für dieses Gebiet und die zur Ausübung ihres Amtes innerhalb dieses Gebiets zugelassenen deutschen Notare zuständig, während die Legalisationen zur Zuständigkeit des Chefs der Zivilverwaltung beim Gouvernement Metz gehören.

F. Behandlung von Auslandsansprüchen und Maßnahmen gegen Ansprüche feindlicher Ausländer und landesflüchtige Personen.

I. Auslandsansprüche.

a) Bekanntmachung über die Geltendmachung von Ansprüchen von Personen, die im Ausland ihren Wohnsitz haben. (BRV.) Vom 7. August 1914 (RGBl. S. 360).

§ 1. Personen, die im Ausland ihren Wohnsitz haben, sowie juristische Personen, die im Ausland ihren Sitz haben, können vermögensrechtliche Ansprüche, die vor dem 31. Juli 1914 entstanden sind, bis zum 31. Oktober 1914[1]) vor inländischen Gerichten nicht geltend machen. Ist ein Anspruch vor dem Inkrafttreten dieser Vorschrift bereits rechtshängig geworden, so wird das Verfahren bis zum 31. Oktober 1914 unterbrochen.

Der Reichskanzler ist ermächtigt, Ausnahmen von diesen Vorschriften zuzulassen. Er kann aus Gründen der Vergeltung die Vorschriften auf Angehörige und juristische Personen eines ausländischen Staates ohne Rücksicht auf den Wohnsitz oder Sitz für anwendbar erklären.

§ 2. Die Vorschriften des § 1 Abs. 1 finden keine Anwendung auf Ansprüche, die im Betriebe der von den dort bezeichneten physischen oder juristischen Personen im Inland unterhaltenen gewerblichen Niederlassungen entstanden sind.

Der Reichskanzler ist ermächtigt, aus Gründen der Vergeltung die Vorschriften auf Ansprüche der im Abs. 1 bezeichneten Art auszudehnen.

§ 3. Die in den §§ 1, 2 vorgesehene Beschränkung in der Geltendmachung von Ansprüchen, mit Einschluß der Unterbrechung des Verfahrens, gilt auch für die Rechtsnachfolger der von der Beschränkung betroffenen Personen, sofern nicht die Ansprüche vor dem 31. Juli 1914 auf sie übergegangen sind.

---

[1]) Die Frist ist durch eine fortlaufende Reihe von Bekanntmachungen verlängert worden. Siehe unten S. 125.

§ 4. Diese Verordnung tritt mit dem Tage der Verkündung in Kraft.

Bekanntmachung über die Geltendmachung von Ansprüchen von Personen, die im Ausland ihren Wohnsitz haben. (BRV.) Vom 20. September 1917 (RGBl. S. 854).

Die Wirksamkeit der Bekanntmachungen über die Geltendmachung von Ansprüchen von Personen, die im Ausland ihren Wohnsitz haben, vom 7. August und 22. Oktober 1914, 21. Januar, 22. April, 22. Juli und 21. Oktober 1915, 6. Januar, 13. April, 13. Juli und 5. Oktober 1916, 4. Januar, 26. März und 28. Juni 1917 (RGBl. für 1914 S. 360, 449; für 1915 S. 31, 236, 451, 679; für 1916 S. 1, 273, 694, 1132; für 1917 S. 5, 277, 566) wird in der Weise ausgedehnt, daß an die Stelle des 31. Oktober 1917 der 31. Januar 1918 tritt.

b) Ausnahmen.

1. Österreich-Ungarn.

Bekanntmachung über die Geltendmachung von Ansprüchen von Personen, die in Österreich-Ungarn ihren Wohnsitz haben. (RKV.) Vom 20. April 1915 (RGBl. S. 231).

Auf Grund des § 1 Abs. 2 Satz 1 der Bekanntmachung über die Geltendmachung von Ansprüchen von Personen, die im Ausland ihren Wohnsitz haben, vom 7. August 1914 (RGBl. S. 360), wird zugunsten der Personen, die in Österreich-Ungarn ihren Wohnsitz haben, sowie der juristischen Personen, die dort ihren Sitz haben, eine Ausnahme von den Vorschriften im § 1 Abs. 1 der Bekanntmachung zugelassen.

2. Schweiz.

Bekanntmachung über die Geltendmachung von Ansprüchen von Personen, die in der Schweiz ihren Wohnsitz haben. (RKV.) Vom 25. Juni 1915 (RGBl. S. 361).

Auf Grund des § 1 Abs. 2 Satz 1 der Bekanntmachung über die Geltendmachung von Ansprüchen von Personen, die im Ausland ihren Wohnsitz haben, vom 7. August 1914 (RGBl. S. 360), wird zugunsten der Personen, die in der Schweiz ihren Wohnsitz haben, sowie der juristischen Personen, die dort ihren Sitz haben, eine Ausnahme von den Vorschriften im § 1 Abs. 1 der Bekanntmachung zugelassen. Die Ausnahme gilt nicht für Angehörige Großbritanniens und Irlands, Frankreichs, Rußlands und Finnlands sowie der Kolonien oder auswärtigen Besitzungen dieser Staaten.

3. Bekanntmachung über die Vollstreckung von Kostenentscheidungen ausländischer Gerichte. Vom 18. Februar 1916 (RGBl. S. 109).

Auf Grund des § 1 Abs. 2 Satz 1 der Bekanntmachung über die Geltendmachung von Ansprüchen von Personen, die im Ausland ihren Wohnsitz haben, vom 7. August 1914 (RGBl. S. 360) wird zur Beseitigung obwaltender Zweifel eine Ausnahme von den Vorschriften im § 1 Abs. 1 der Bekanntmachung insoweit zugelassen, als es sich um die Vollstreckbarkeitserklärung und die Vollstreckung der im Art. 18 des Abkommens über den Zivilprozeß vom 17. Juli 1905 (RGBl. S. 410) bezeichneten Kostenentscheidungen von Gerichten nichtfeindlicher Staaten handelt.

4. Durch **Bek.** (des Reichskanzlers) **über die Geltendmachung von Ansprüchen vor dem Reichsgericht in Sachen der Konsulargerichtsbarkeit,** vom 31. Juli 1916 (RGBl. S. 878),

ist eine Ausnahme von den Vorschriften im § 1 Abs. 1 der Bekanntmachung vom 7. August 1914 insoweit zugelassen, als es sich um die Geltendmachung vermögensrechtlicher Ansprüche vor dem Reichsgericht handelt, die der Konsulargerichtsbarkeit unterliegen.

II. Verträge mit feindlichen Staatsangehörigen.

a) **Bekanntmachung, betreffend Verträge mit feindlichen Staatsangehörigen.** (VRV.) Vom 16. Dezember 1916 (RGBl. S. 1396).

I. Auflösung von Verträgen mit feindlichen Staatsangehörigen aus Gründen der Vergeltung.

§ 1. Der Reichskanzler kann aus Gründen der Vergeltung einen Kauf- oder Lieferungsvertrag, den ein Deutscher mit einem Angehörigen Großbritanniens und Irlands, Italiens oder Frankreichs oder der Kolonien und auswärtigen Besitzungen dieser Staaten geschlossen hat, auf Antrag des Deutschen für aufgelöst erklären.

Die Aufhebungserklärung kann auf einen Teil des Vertrags beschränkt werden.

Soweit der Verkäufer zur Zeit der Stellung des Antrags die ihm in bezug auf die Leistung der verkauften Sachen obliegenden Verpflichtungen schon erfüllt hatte, ist die Aufhebungserklärung ohne Wirkung. Hat der Käufer den Kaufpreis schon gezahlt, so kann er ihn, soweit der Vertrag aufgelöst ist, zurückverlangen.

Die Vorschriften der Abs. 1 bis 3 finden auf Werkverträge sowie auf Frachtverträge, welche die Beförderung von Gütern zur See zum Gegenstande haben, und auf Mietverträge über Seeschiffe entsprechende Anwendung. Sie gelten nicht für Börsentermingeschäfte.

§ 2. Der Reichskanzler kann die Entscheidung durch allgemeine Anordnung oder im einzelnen Falle einer anderen Stelle übertragen und nähere Anordnungen über das Verfahren treffen.

II. Rechtsstreitigkeiten über Verträge mit feindlichen Staatsangehörigen.

§ 3. Hat ein Deutscher mit einem Angehörigen eines feindlichen Staates einen Vertrag geschlossen, so ist zur Entscheidung von Streitigkeiten über die Einwirkung des Krieges auf die Rechte und Pflichten aus dem Vertrag auch das Gericht, in dessen Bezirke der Deutsche seinen allgemeinen Gerichtsstand hat, oder wenn er im Inland keinen allgemeinen Gerichtsstand hat, das Gericht, in dessen Bezirk er sich dauernd aufhält, zuständig.

§ 4. Liegen bei Streitigkeiten der im § 3 bezeichneten Art für die Zustellung der Klageschrift an den feindlichen Staatsangehörigen die Voraussetzungen der öffentlichen Zustellung vor und erbietet sich der Kläger, eine Mitteilung über den Inhalt der Klage unter Angabe des Gerichts und des Verhandlungstermins in einem neutralen Lande durch eingeschriebenen Brief unter der Adresse des Beklagten zur Post zu geben oder in anderer zweckentsprechender Weise an den Beklagten zu befördern, so kann bei Bewilligung der öffentlichen Zustellung das Gericht anordnen, daß die im § 204 Abs. 2 der Zivilprozeßordnung vorgeschriebene Einrückung nur einmal und nur im Reichsanzeiger zu erfolgen hat. Das gleiche gilt in anderen Fällen, in denen das dem feindlichen Staatsangehörigen zuzustellende Schriftstück eine Ladung enthält.

Der Kläger hat glaubhaft zu machen, daß er die Mitteilung in der im Abs. 1 bezeichneten Weise innerhalb angemessener Zeit zur Post gegeben hat oder daß die Mitteilung dem Beklagten zugegangen ist; andernfalls kann das Gericht die Verhandlung vertagen und anordnen, daß der Beklagte von neuem zu laden ist.

III. Schlußvorschriften.

Einem Deutschen im Sinne der vorstehenden Vorschriften stehen juristische Personen oder Handelsgesellschaften anderer Art gleich, die im Inland oder in den Schutzgebieten ihren Sitz haben.

Dem Angehörigen eines feindlichen Staates im Sinne der vorstehenden Vorschriften stehen gleich:

1. natürliche Personen, die in dem feindlichen Staate ihren Wohnsitz oder ihre gewerbliche Hauptniederlassung haben;

2. juristische Personen und Handelsgesellschaften anderer Art, die in dem feindlichen Staate ihren Sitz haben;

3. Handelsgesellschaften anderer Art, die im sonstigen Ausland ihren Sitz haben, wenn an ihnen feindliche Staatsangehörige oder, soweit es sich um die Anwendung des § 1 handelt, Angehörige der dort bezeichneten feindlichen Staaten überwiegend beteiligt sind.

§ 6. Die Vorschriften der §§ 1, 2 können durch Bekanntmachung des Reichskanzlers auf andere als die im § 1 bezeichneten Länder für anwendbar erklärt werden.

§ 7. Diese Verordnung tritt mit dem Tage der Verkündung in Kraft.

Der Reichskanzler bestimmt, wann und in welchem Umfang sie außer Kraft tritt.

b) Ausführungsbestimmungen.

Bekanntmachung zur Ausführung der Verordnung, betreffend Verträge mit feindlichen Staatsangehörigen, vom 16. Dez. 1916.
(RKB.) Vom 17. Dezember 1916 (RGBl. S. 1398).

Auf Grund des § 2 der Verordnung des Bundesrats, betreffend Verträge mit feindlichen Staatsangehörigen, vom 16. Dezember 1916 (RGBl. S. 1396) wird folgendes bestimmt:

Art. 1. Die Entscheidung über die Auflösung von Verträgen mit feindlichen Staatsangehörigen aus Gründen der Vergeltung wird, unbeschadet der Befugnis des Reichskanzlers zum Erlaß allgemeiner Anordnungen, dem Reichsschiedsgerichte für Kriegswirtschaft übertragen. Die Entscheidung erfolgt durch den Vorsitzenden oder in dessen Vertretung durch ein Mitglied, welches die Befähigung zum Richteramte besitzt.

Art. 2. Der Antrag auf Auflösungserklärung ist schriftlich bei dem Reichsschiedsgerichte für Kriegswirtschaft einzureichen.

Art. 3. In dem Antrag ist der Inhalt des Vertrags darzulegen.

Der Antrag soll ersehen lassen, ob die Auflösungserklärung für den ganzen Vertrag oder nur für einzelne Teile beantragt wird.

Im einzelnen soll der Antrag namentlich angeben:

1. die Vertragsparteien nach Namen, Stand oder Gewerbe, Wohnort und Staatsangehörigkeit;
2. den Zeitpunkt der Schließung des Vertrags;
3. den Gegenstand und den Umfang der Leistungen, auf die sich der Vertrag bezieht, sowie die Höhe des Entgelts;
4. den Zeitpunkt, in welchem der Vertrag zu erfüllen ist oder bei ordnungsmäßiger Erledigung zu erfüllen gewesen wäre;
5. die Abreden, durch welche für den Fall höherer Gewalt, eines Krieges usw. die Erfüllungszeit hinausgeschoben oder in sonstiger Weise Vorsorge getroffen wird; falls derartige Abreden nicht getroffen sind, ist dies ausdrücklich zu vermerken.

Der Antrag soll ferner angeben:

6. inwieweit der Vertrag von der einen oder andern Seite oder von beiden Seiten schon erfüllt ist;
7. inwieweit und aus welchen Gründen der Vertrag nach allgemeinen Rechtsgrundsätzen als fortbestehend oder hinfällig angesehen wird oder aus welchen Gründen in dieser Beziehung Zweifel obwalten;
8. die Gründe, die für die Auflösungserklärung geltend gemacht werden.

Art. 4. Ist eine Vertragspartei eine juristische Person, so ist außer ihrem Sitze tunlichst anzugeben, welchen Staaten im wesentlichen die Beteiligten angehören. Ist eine Vertragspartei eine Handelsgesellschaft ohne juristische Persönlichkeit, so ist Name, Wohnort und Staatsangehörigkeit der Mitglieder anzugeben.

Art. 5. Der Antragsteller soll die ihm zugänglichen, auf den Vertrag bezüglichen oder sonst zur Aufklärung des Sachverhältnisses dienlichen Urkunden beifügen.

Art. 6. Das Reichsschiedsgericht kann vor der Entscheidung weitere Ermittlungen anstellen.

Die Entscheidung ist dem Antragsteller mitzuteilen.

Art. 7. Für die Entscheidung wird eine zur Reichskasse fließende Gebühr erhoben.

Die Höhe der Gebühr wird von dem Reichsschiedsgerichte bestimmt. Die Gebühr soll in der Regel nicht weniger als fünfzig Mark und nicht mehr als eintausend Mark betragen. Aus besonderen Gründen kann von der Erhebung einer Gebühr Abstand genommen werden.

Das Reichsschiedsgericht kann den Erlaß der Entscheidung von der Vorauszahlung der Gebühr abhängig machen.

Die Beitreibung der Gebühr erfolgt auf Ersuchen des Reichsschiedsgerichts nach den landesgesetzlichen Vorschriften über die Beitreibung öffentlicher Abgaben.

c) Ausdehnung auf andere Staaten.

Bekanntmachung über die Anwendung der Verordnung, betreffend Verträge mit feindlichen Staatsangehörigen, auf Portugal. (RKV.) Vom 19. Juni 1917 (RGBl. S. 503).

Auf Grund des § 6 der Verordnung, betreffend Verträge mit feindlichen Staatsangehörigen, vom 16. Dezember 1916 (RGBl. S. 1396) werden die Vorschriften der §§ 1, 2 der Verordnung auf Portugal und die portugiesischen Kolonien für anwendbar erklärt.

Bekanntmachung über die Anwendung der Verordnung, betreffend Verträge mit feindlichen Staatsangehörigen, auf Rußland. (RKV.) Vom 3. November 1917 (RGBl. S. 1004).

Auf Grund des § 6 der Verordnung, betreffend Verträge mit feindlichen Staatsangehörigen, vom 16. Dezember 1916 (RGBl. S. 1396) werden die Vorschriften der §§ 1, 2 der Verordnung auf Rußland und Finnland ausgedehnt.

Diese Ausdehnung erstreckt sich jedoch nicht auf Verträge mit natürlichen Personen, die in den gegenwärtigen Gebieten des Generalgouvernements Warschau oder des k. und k. Militärgouvernements in Lublin ihren Wohnsitz und in diesen Gebieten oder im Inland ihren gegenwärtigen Aufenthalt haben, sowie auf Verträge mit juristischen Personen, die in den gegenwärtigen Gebieten des Generalgouvernements Warschau oder des k. und k. Militärgouvernements in Lublin ihren Sitz und in diesen Gebieten oder im Inland ihre gegenwärtige Verwaltung haben.

III. Zahlungsverbote gegen das feindliche Ausland.

a) England.

1. Bekanntmachung, betreffend Zahlungsverbot gegen England.
(BRV.) Vom 30. September 1914 (RGBl. S. 421).

§ 1. Es ist bis auf weiteres verboten, Zahlungen nach Großbritannien und Irland oder den britischen Kolonien und auswärtigen Besitzungen mittelbar oder unmittelbar in bar, in Wechseln oder Schecks, durch Überweisung oder in sonstiger Weise zu leisten, sowie Geld oder Wertpapiere mittelbar oder unmittelbar nach den bezeichneten Gebieten abzuführen oder zu überweisen.

Leistungen zur Unterstützung von Deutschen bleiben gestattet.

§ 2. Schon entstandene oder noch entstehende vermögensrechtliche Ansprüche solcher natürlicher oder juristischer Personen, die in den im § 1 bezeichneten Gebieten ihren Wohnsitz oder Sitz haben, gelten vom 31. Juli 1914 an, oder wenn sie erst an einem späteren Tage zu erfüllen sind, von diesem Tage an bis auf weiteres als gestundet. Für die Dauer der Stundung können Zinsen nicht gefordert werden. Rechtsfolgen, die sich nach den bestehenden Vorschriften in der Zeit vom 31. Juli 1914 bis zum Inkrafttreten dieser Verordnung aus der Nichterfüllung ergeben haben, gelten als nicht eingetreten.

Die Stundung wirkt auch gegen jeden Erwerber des Anspruchs, es sei denn, daß der Erwerb vor dem 31. Juli 1914, oder, wenn der Erwerber im Inland seinen Wohnsitz oder Sitz hat, vor dem Inkrafttreten dieser Verordnung stattgefunden hat. Dem Erwerber des Anspruchs steht gleich, wer durch dessen Erfüllung einen Erstattungsanspruch erlangt hat.

§ 3. Der Schuldner kann sich dadurch befreien, daß er die geschuldeten Beträge oder Wertpapiere bei der Reichsbank für Rechnung des Berechtigten hinterlegt.

§ 4. Bei Wechseln, bei denen zur Zeit des Inkrafttretens dieser Verordnung die Frist für die Vorlage zur Zahlung und für die Protesterhebung wegen Nichtzahlung noch nicht abgelaufen und Protest noch nicht erhoben ist, wird durch das Zahlungsverbot und die Stundung die Zeit, zu der die Vorlage zur Zahlung und die Protesterhebung wegen Nichtzahlung zulässig und erforderlich ist, bis nach dem Außerkrafttreten dieser Verordnung hinausgeschoben. Die Frist, innerhalb deren die Vorlage und die Protesterhebung nach dem Außerkrafttreten zu erfolgen hat, bestimmt der Reichskanzler.

Die Vorschriften des Abs. 1 finden entsprechende Anwendung auf Schecks, bei denen die Zeit, innerhalb deren sie zur Zahlung vorzulegen sind, bei dem Inkrafttreten deiser Verordnung noch nicht abgelaufen ist.

Eine Verpflichtung zur Entrichtung des weiteren Wechselstempels nach § 3 Abs. 2 des Wechselstempelgesetzes wird durch das Zahlungsverbot und die Stundung nicht begründet.

§ 5. Die Vorschriften der §§ 1 bis 4 finden keine Anwendung, wenn es sich um eine im Inland erfolgende Erfüllung von Ansprüchen handelt, die für die im § 2 bezeichneten natürlichen oder juristischen Personen im Betrieb ihrer im Inland unterhaltenen Niederlassungen entstanden sind. Die Vorschriften der §§ 2, 3 finden jedoch Anwendung, wenn es sich um Rückgriffsansprüche der bezeichneten Personen wegen der Nichtannahme oder Nichtzahlung eines im Ausland zahlbaren Wechsels handelt.

§ 6. Mit Gefängnis bis zu 3 Jahren und mit Geldstrafe bis zu 50000 Mark oder mit einer dieser Strafen wird, sofern nicht nach anderen Strafgesetzen eine höhere Strafe verwirkt ist, bestraft

1. wer wissentlich der Vorschrift des § 1 zuwiderhandelt;

2. wer wissentlich einem deutschen Ausfuhrverbote zuwider Waren nach den im § 1 bezeichneten Gebieten mittelbar oder unmittelbar ausführt;

3. wer wissentlich Waren, für die in Deutschland ein Ausfuhrverbot besteht, aus einem anderen Lande nach den im § 1 bezeichneten Gebieten mittelbar oder unmittelbar abführt oder überweist.

Der Versuch ist strafbar.

§ 7. Der Reichskanzler[1]) kann Ausnahmen von dem Verbote des § 1 und des § 6 Abs. 1 Nr. 3 zulassen.

Er kann im Wege der Vergeltung die Vorschriften dieser Verordnung auch auf andere feindliche Staaten für anwendbar erklären.

§ 8. Diese Verordnung tritt mit dem Tage der Verkündung, der § 6 jedoch erst mit dem 5. Oktober 1914 in Kraft.

Der Reichskanzler bestimmt, wann und in welchem Umfang diese Verordnung außer Kraft tritt.

2. Ansprüche der inländischen Niederlassung.

Bekanntmachung, betreffend die für eine auswärtige Bank im Betrieb einer inländischen Niederlassung entstandenen Ansprüche. Vom 22. Dezember 1914 (RGBl. S. 542).

Der Bundesrat hat auf Grund des § 3 des Gesetzes über die Ermächtigung usw. vom 4. August 1914 in Ergänzung des § 5 der Verordnung, betreffend Zahlungsverbot gegen England, vom 30. September 1914 folgende Verordnung erlassen:

Art. 1. Für die Frage der Anwendbarkeit der §§ 2 bis 4 der Verordnung vom 30. September 1914 gelten Ansprüche

[1]) Diese Befugnis ist durch Bek. v. 4. Aug. 1917 (siehe unten S. 177) dem Treuhänder für das feindliche Vermögen übertragen worden.

einer Bank auf Annahme oder Zahlung von Wechseln, die im Ausland ausgestellt sind, oder auf Deckung für Wechselzahlungen, die im Ausland bewirkt oder zu bewirken sind, nicht schon deshalb als im Betrieb einer inländischen Niederlassung der Bank entstanden, weil die Niederlassung den Kredit, der den Ansprüchen zugrunde liegt, gewährt oder vermittelt hat, oder weil die auf dem Wechsel befindliche Order auf die inländische Niederlassung der Bank lautet, oder weil die Niederlassung den Wechsel — wenn auch unter Aushändigung der Verschiffungsdokumente über die den Gegenwert bildenden Waren — zur Annahme vorgelegt hat.

Art. 2. Diese Verordnung tritt mit dem Tage der Verkündung in Kraft.

Soweit in der Verordnung vom 30. September 1914 oder in den die Anwendung auf Frankreich und Rußland betreffenden Bekanntmachungen vom 20. Oktober und 19. November 1914 (RGBl. S. 443, 479) auf den Zeitpunkt ihres Inkrafttretens verwiesen ist, tritt bei Anwendung der Vorschriften des Art. 1 der Zeitpunkt des Inkrafttretens der gegenwärtigen Verordnung an die Stelle.

3. Miet- und Pachtzinsforderungen.

Bekanntmachung, betreffend die Erfüllung von Ansprüchen im Falle zwangsweiser Verwaltung von Grundstücken. (BRV.)
Vom 26. März 1915 (RGBl. S. 184).

Art. 1. Ist ein Grundstück auf Grund der Verordnung, betreffend die zwangsweise Verwaltung französischer Unternehmungen, vom 26. November 1914 (RGBl. S. 487) oder einer gemäß dieser Verordnung ergangenen Bekanntmachung des Reichskanzlers unter zwangsweise Verwaltung gestellt, so gilt das Grundstück in Ansehung der Erfüllung von Ansprüchen, insbesondere von Miet- oder Pachtzinsforderungen, ohne Rücksicht auf die Zeit ihrer Entstehung und auf die Art der Benutzung oder Bewirtschaftung des Grundstücks, als eine im Inland unterhaltene Niederlassung im Sinne des § 5 Satz 1 der Verordnung, betreffend Zahlungsverbot, vom 30. September 1914 (RGBl. S. 421).

Art. 2. Diese Verordnung tritt mit dem Tage der Verkündung in Kraft.

4. Zahlungen an deutsche Inhaber und deutsche Teilhaber.

Bekanntmachung, betreffend die Zahlungsverbote gegen England, Frankreich und Rußland. (RKB.) Vom 20. Dezember 1914 (RGBl. S. 550).

Auf Grund des § 7 Abs. 1 der Verordnung, betreffend Zahlungsverbot gegen England, vom 30. September 1914 und des Art. 1 der Bekanntmachungen, betreffend Zahlungsverbot gegen Frankreich und gegen Rußland, vom 20. Oktober und vom 19. November 1914 wird folgendes bestimmt:

Die gegen England, Frankreich und Rußland erlassenen Zahlungsverbote (§ 1 der Verordnung vom 30. September 1914, RGBl. S. 421; Art. 1 der Bekanntmachungen vom 20. Oktober und vom 19. November 1914, RGBl. S. 443 und 479, in Verbindung mit § 1 der genannten Verordnung) gelten nicht für Zahlungen aus einem Schuldverhältnisse gegenüber einem im feindlichen Ausland ansässigen Unternehmen, sofern die Zahlung an einen Deutschen erfolgt, der Inhaber oder Teilhaber des Unternehmens ist und anläßlich des Krieges das feindliche Ausland verlassen hat.

Bekanntmachung, betreffend die Stundungsvorschriften der Zahlungsverbote gegen das feindliche Ausland. (BRV.) Vom 17. Januar 1917 (RGBl. S. 51).

Art. 1. Ungeachtet der Stundungsvorschrift des § 2 der Verordnung, betreffend Zahlungsverbot gegen England, vom 30. September 1914 (RGBl. S. 421) und ungeachtet der Bekanntmachungen, die den § 2 auf andere Staaten für anwendbar erklären, kann die Erfüllung eines vermögensrechtlichen Anspruchs gefordert werden, wenn der Anspruch einem Deutschen zusteht, der sich im Inland oder innerhalb der verbündeten Staaten oder der von deutschen oder verbündeten Truppen besetzten Gebiete aufhält. Das gleiche gilt, wenn der Anspruch einer Gemeinschaft oder Gesellschaft, deren sämtliche Teilhaber Deutsche sind, zusteht und von einem zur Einziehung befugten Teilhaber geltend gemacht wird, der sich in den genannten Gebieten aufhält. Die Stundung endet mit dem Ablauf eines Monats nach der Aufforderung zur Leistung.

Diese Vorschriften gelten nicht für Forderungen, die ein Deutscher oder eine Gemeinschaft oder Gesellschaft der im Abs. 1 bezeichneten Art erst nach der Erklärung des Kriegszustandes zwischen dem Deutschen Reiche und dem von dem Zahlungsverbote betroffenen feindlichen Staate von einem Dritten erworben hat.

Art. 2. Endet bei einem Wechsel, bei welchem durch die Stundung gemäß § 4 der Verordnung vom 30. September 1914 die Protesterhebung hinausgeschoben ist, die Stundung auf Grund des Art. 1, so bleiben gleichwohl die Protesterhebung und der Rückgriff aus dem Wechsel bis auf weiteres ausgeschlossen. Diese Vorschrift findet auf Schecks entsprechende Anwendung.

Art. 3. Der Reichskanzler[1]) kann eine Ausnahme von der Stundungsvorschrift des § 2 der Verordnung, betreffend das Zahlungsverbot gegen England, und der ausdehnenden Bekanntmachungen bewilligen:

1. wenn, abgesehen von den Fällen des Art. 1, der Anspruch einem Deutschen oder einer Gemeinschaft oder Gesellschaft, bei welcher mindestens ein Teilhaber ein Deutscher ist, zusteht und der deutsche Berechtigte oder der zur Einziehung befugte deutsche Teilhaber, der den Anspruch

[1]) Diese Befugnis ist durch Bek. v. 4. Aug. 1917 (siehe unten S. 177) dem Treuhänder für das feindliche Vermögen übertragen worden.

geltend macht, sich außerhalb des feindlichen Machtgebiets aufhält;

2. wenn der Anspruch einem Angehörigen eines verbündeten Staates oder einer Gemeinschaft oder Gesellschaft, bei welcher mindestens ein Teilhaber Angehöriger eines verbündeten Staates ist, zusteht und der einem verbündeten Staate angehörige Berechtigte oder der zur Einziehung befugte, einem verbündeten Staate angehörige Teilhaber, der den Anspruch geltend macht, sich außerhalb des feindlichen Machtgebiets aufhält;

3. wenn der Anspruch einer natürlichen oder juristischen Person zusteht, die in den von deutschen oder verbündeten Truppen besetzten Gebieten ihren Wohnsitz oder Sitz hat.

Die Stundung endet mit dem Ablauf eines Monats, nachdem der Schuldner zur Leistung aufgefordert ist; bei der Aufforderung ist, wenn die Ausnahmebewilligung nicht im Reichs-Gesetzblatt bekanntgemacht ist, der Inhalt der Ausnahmebewilligung mitzuteilen.

Die Vorschriften des Art. 1 Abs. 2 und des Art. 2 finden entsprechende Anwendung.

Art. 4. Diese Verordnung tritt mit dem Tage der Verkündung in Kraft. Der Reichskanzler bestimmt, wann und in welchem Umfang sie außer Kraft tritt.

5. Ausnahmen.

Ausnahmen von dem Zahlungsverbot sind zugelassen:

1. für Zahlungen, die zum Erlangen, Erhalten oder Verlängern des **Patent-, Muster- oder Warenzeichenschutzes** erforderlich sind

a) nach **England** durch Bekanntmachung des Reichskanzlers vom 13. Oktober 1914 (Reichsanzeiger Nr. 242 vom 14. Oktober 1914),

b) nach **Frankreich und Rußland** durch Bekanntmachung des Reichskanzlers vom 16. Dezember 1914 (Reichsanzeiger Nr. 295 vom 16. Dezember 1914);

2. für die Zahlung der jeweils fälligen **Miete und Mietssteuer**, soweit nicht an barem Gelde, Bankguthaben oder sonst liquiden Mitteln ausreichende Deckung dort zurückgelassen ist,

allgemein durch Bekanntmachung des Reichskanzlers vom 20. Oktober 1915 (Reichsanzeiger Nr. 248 vom 20. Oktober 1915).

b) Ausdehnung auf andere Staaten.

1. Frankreich.

Bekanntmachung, betreffend Zahlungsverbot gegen Frankreich. (RKB.) Vom 20. Oktober 1914 (RGBl. S. 443).

Auf Grund des § 7 Abs. 2 der Verordnung, betreffend Zahlungsverbot gegen England, vom 30. September 1914 (RGBl. S. 421) wird folgendes bestimmt:

Art. 1. Die Vorschriften der Verordnung vom 30. September 1914 werden im Wege der Vergeltung auch auf Frankreich und die französischen Kolonien und auswärtigen Besitzungen für anwendbar erklärt.

Die Anwendung unterliegt folgenden Einschränkungen:

1. Für die Frage, ob die Stundung gegen den Erwerber wirkt oder nicht (§ 2 Abs. 2 der Verordnung), kommt es ohne Rücksicht auf den Wohnsitz oder Sitz des Erwerbers nur darauf an, ob der Erwerb nach dem Inkrafttreten dieser Bekanntmachung oder vorher stattgefunden hat.

2. Soweit in der Verordnung vom 30. September 1914 auf den Zeitpunkt ihres Inkrafttretens verwiesen wird, tritt der Zeitpunkt des Inkrafttretens dieser Bekanntmachung an die Stelle.

Art. 2. Diese Bekanntmachung tritt mit dem Tage der Verkündung, hinsichtlich der Strafbestimmungen des § 6 der Verordnung vom 30. September 1914 jedoch erst mit dem 25. Oktober 1914 in Kraft.

2. Rußland.

aa) **Bekanntmachung, betreffend Zahlungsverbot gegen Rußland.** (RKB.) Vom 19. November 1914 (RGBl. S. 479).

Wörtlich übereinstimmend mit obiger Bekanntmachung. Nur statt der Worte Frankreich bis Besitzungen: Rußland und Finnland, und in Art. 2 statt 25. Oktober: 25. November.

bb) **Ausnahmen.**

Bekanntmachung, betreffend Zahlungsverbot gegen Rußland. (RKB.) Vom 4. Februar 1915 (RGBl. S. 69).

Auf Grund des § 7 Abs. 1 der Verordnung, betreffend Zahlungsverbot gegen England, vom 30. September 1914 (RGBl. S. 421) und der Bekanntmachung, betreffend Zahlungsverbot gegen Rußland, vom 19. November 1914 (RGBl. S. 479) ird folgendes bestimmt:

Das Verbot, Zahlungen nach Rußland zu leisten und Geld oder Wertpapiere dorthin abzuführen oder zu überweisen (§ 1 Abs. 1 der Verordnung vom 30. September 1914 in Verbindung mit Art. 1 der Bekanntmachung vom 19. November 1914), findet gegenüber den unter deutscher Zivilverwaltung stehenden Gebieten Rußlands keine Anwendung.

Diese Bekanntmachung tritt mit dem Tage der Verkündung in Kraft.

Bekanntmachung, betreffend Ausnahme von dem Zahlungsverbote gegen Rußland und von der Sperre feindlichen Vermögens. (RKB.) Vom 19. April 1916 (RGBl. S. 312).

Auf Grund des § 7 Abs. 1 der Verordnung, betreffend Zahlungsverbot gegen England, vom 30. September 1914 (RGBl. S. 421) und der Bekanntmachung, betreffend Zahlungsverbot gegen Rußland, vom 19. November 1914 (RGBl. S. 479) sowie der §§ 8, 10 der Verordnung über die Anmeldung des im Inland befindlichen Vermögens von Angehörigen feindlicher Staaten vom 7. Oktober 1915 (RGBl. S. 633) wird folgendes bestimmt:

1. Das Verbot, Zahlungen nach Rußland zu leisten und Geld oder Wertpapiere dorthin abzuführen oder zu überweisen (§ 1 Abs. 1 der Verordnung vom 30. September 1914 in Verbindung mit Art. 1 der Bekanntmachung vom 19. November 1914) findet gegenüber den unter deutscher oder österreichisch-ungarischer Verwaltung stehenden Gebieten Rußlands keine Anwendung.

2. Für natürliche Personen, die in den unter deutscher oder österreichisch-ungarischer Verwaltung stehenden Gebieten Rußlands ihren Wohnsitz und in diesen Gebieten oder im Inland ihren gegenwärtigen Aufenthalt haben, sowie für juristische Personen, die in den genannten Gebieten Rußlands ihren Sitz und ihre gegenwärtige Verwaltung haben, werden folgende Ausnahmen zugelassen:

1. Die Veräußerung, Abtretung oder Belastung ihres im Inland befindlichen Vermögens zugunsten von Personen der bezeichneten Art oder von Personen, die im Inland ihren Wohnsitz, Sitz oder dauernden Aufenthalt haben, wird gestattet.

2. Es wird gestattet, Sachen, insbesondere Wertpapiere und Geldstücke, die im Eigentume der bezeichneten Personen stehen, nach den unter deutscher oder österreichisch-ungarischer Verwaltung stehenden Gebieten Rußlands abzuführen.

3. Diese Bekanntmachung tritt mit dem Tage der Verkündung in Kraft. Sie tritt an die Stelle der Bekanntmachungen vom 4. Februar 1915, betreffend Zahlungsverbot gegen Rußland (RGBl. S. 69) und vom 21. Oktober 1915, betreffend Ausnahme von der Sperre feindlichen Vermögens (RGBl. S. 707).

Bekanntmachung, betreffend die Stundungsvorschrift des Zahlungsverbots gegen Rußland. (RKB.) Vom 3. Februar 1917 (RGBl. S. 103).

Auf Grund des Art. 3 der Bekanntmachung, betreffend die Stundungsvorschriften der Zahlungsverbote gegen das feindliche Ausland, vom 17. Januar 1917 (RGBl. S. 51) wird hiermit eine Ausnahme von der Stundungsvorschrift des § 2 der Verordnung, betreffend Zahlungsverbot gegen England, vom 30. September 1914 (RGBl. S. 421) und des Art. 1 der Bekanntmachung, betreffend Zahlungsverbot gegen Rußland, vom 19. November 1914 (RGBl. S. 479) für folgende Fälle bewilligt:

1. wenn der Anspruch einer natürlichen Person zusteht, die in den gegenwärtigen Gebieten des Generalgouvernements Warschau oder des k. u. k. Militär-Generalgouvernements in Lublin ihren Wohnsitz und in diesen Gebieten oder im Inland ihren gegenwärtigen Aufenthalt hat;

2. wenn der Anspruch einer juristischen Person zusteht, die in den gegenwärtigen Gebieten des Generalgouvernements Warschau oder des k. u. k. Militär-Generalgouvernements in Lublin ihren Sitz und in diesen Gebieten oder im Inland ihre gegenwärtige Verwaltung hat.

Die Stundung endet mit dem Ablauf eines Monats, nachdem der Schuldner zur Leistung aufgefordert ist.

Die Ausnahmebewilligung gilt nicht für Forderungen, die eine natürliche oder juristische Person der bezeichneten Art erst nach der Erklärung des Kriegszustandes zwischen dem Deutschen Reiche und Rußland von einem Dritten erworben hat.

3. Ägypten, Französisch-Marokko.

Bekanntmachung, betreffend Zahlungsverbot gegen Ägypten, und Französisch-Marokko. (RKB.) Vom 14. Oktober 1915 (RGBl. S. 673).

Wörtlich übereinstimmend mit der Bekanntmachung vom 20. Oktober 1914 (Zahlungsverbot gegen Frankreich) (oben S. 139). Nur statt der Worte Frankreich bis Besitzungen: „das britische Okkupationsgebiet in Ägypten, sowie auf die unter französischem Protektorat stehenden Gebietsteile Marokkos", und im Art. 2 statt 25. Oktober 1914: 20. Oktober 1915.

4. Portugal.

Bekanntmachung, betreffend wirtschaftliche Vergeltungsmaßnahmen gegen Portugal. (RKB.) Vom 14. Mai 1916 (RGBl. S. 375).

Im Wege der Vergeltung wird auf Grund des § 7 Abs. 2 der Verordnung, betreffend Zahlungsverbot gegen England, vom 30. September 1914 (RGBl. S. 421), des § 4 Abs. 2 der Verordnung über die Anmeldung des im Inland befindlichen Vermögens von Angehörigen feindlicher Staaten, vom 7. Oktober 1915 (RGBl. S. 633) und des § 9 der Verordnung, betreffend die zwangsweise Verwaltung französischer Unternehmungen, vom 26. November 1914 (RGBl. S. 487) folgendes bestimmt:

Art. 1. Die Vorschriften der Verordnung, betreffend Zahlungsverbot gegen England, vom 30. September 1914 werden auch auf Portugal und die portugiesischen Kolonien für anwendbar erklärt.

Die Anwendung unterliegt folgenden Einschränkungen:

1. Für die Frage, ob die Stundung gegen den Erwerber wirkt oder nicht (§ 2 Abs. 2 der Verordnung), kommt es ohne Rücksicht auf den Wohnsitz oder Sitz des Erwerbers nur darauf an, ob der Erwerb nach dem 9. März 1916 oder vorher stattgefunden hat.
2. Soweit in der Verordnung vom 30. September 1914 auf den Zeitpunkt ihres Inkrafttretens verwiesen wird, tritt der Zeitpunkt des Inkrafttretens dieser Bekanntmachung an die Stelle.

Art. 2. Die Vorschriften der Verordnung über die Anmeldung des im Inland befindlichen Vermögens von Angehörigen feindlicher Staaten vom 7. Oktober 1915 finden insoweit, als sie sich auf die Beschränkung der Verfügung über das inländische Vermögen und das Verbot der Abführung des Eigentums feindlicher Staatsangehöriger beziehen (§§ 5 bis 11, § 13 der Verordnung), auf das Vermögen portugiesischer Staatsangehöriger Anwendung.

Art. 3. Die Vorschriften der Verordnung, betreffend die zwangsweise Verwaltung französischer Unternehmungen, vom 26. November 1914 in der Fassung der Verordnung vom 10. Februar 1916 (RGBl. S. 89), werden auch gegenüber portugiesischen Staatsangehörigen für anwendbar erklärt.

Art. 4. Diese Bekanntmachung tritt mit dem Tage der Verkündung, hinsichtlich der Strafbestimmungen jedoch erst mit dem 20. Mai 1916 in Kraft.

5. Rumänien.

aa) **Bekanntmachung, betreffend Zahlungsverbot usw. gegen Rumänien. (RKB.) Vom 28. August 1916 (RGBl. S. 971**

Auf Grund des § 7 Abs. 2 der Verordnung, betreffend Zahlungsverbot gegen England, vom 30. September 1914 (RGBl. S. 421) und des § 4 Abs. 2 der Verordnung über die Anmeldung des im Inland befindlichen Vermögens von Angehörigen feindlicher Staaten vom 7. Oktober 1915 (RGBl. S. 633) wird folgendes bestimmt:

Art. 1. Die Vorschriften der Verordnung, betreffend Zahlungsverbot gegen England, vom 30. September 1914 werden auch auf Rumänien für anwendbar erklärt.

Die Anwendung unterliegt folgenden Einschränkungen:

1. Für die Frage, ob die Stundung gegen den Erwerber wirkt oder nicht (§ 2 Abs. 2 der Verordnung) kommt es ohne Rücksicht auf den Wohnsitz oder Sitz des Erwerbers nur darauf an, ob der Erwerb nach dem 28. August 1916 oder vorher stattgefunden hat.

2. Soweit in der Verordnung vom 30. September 1914 auf den Zeitpunkt ihres Inkrafttretens verwiesen wird, tritt der Zeitpunkt des Inkrafttretens dieser Bekanntmachung an die Stelle.

Art. 2. Die Vorschriften der Verordnung über die Anmeldung des im Inland befindlichen Vermögens von Angehörigen feindlicher Staaten vom 7. Oktober 1915 finden insoweit, als sie sich auf die Beschränkung der Verfügung über das inländische Vermögen und das Verbot der Abführung des Eigentums feindlicher Staatsangehöriger beziehen (§§ 5 bis 11, § 13 der Verordnung), auf das Vermögen rumänischer Staatsangehöriger Anwendung.

Art. 3. Diese Bekanntmachung tritt mit dem Tage der Verkündung in Kraft.

bb) **Ausnahme.**

Durch Bekanntmachung des Reichskanzlers vom 7. August 1917 (Reichsanzeiger Nr. 190 vom 11. August 1917) sind Zahlungen nach den von den deutschen und verbündeten Truppen besetzten Gebieten Rumäniens zugelassen, wenn sie erfolgen

a) in Mark auf das Konto D der Banca Generale Romana bei der Reichsbank in Berlin,

b) in Lei-Noten der Banca Generale Romana, Notenausgabestelle, in Bukarest oder

c) sonst in Coupons rumänischer Staatsrenten.

6. Italien.

Bekanntmachung, betreffend wirtschaftliche Vergeltungsmaßregeln gegen Italien. (RKB.) Vom 24. November 1916 (RGBl. S. 1289).

Im Wege der Vergeltung wird auf Grund des § 7 Abs. 2 der Verordnung, betreffend Zahlungsverbot gegen England, vom 30. September 1914 (RGBl. S. 421), des § 4 Abs. 2 der Verordnung über die Anmeldung des im Inland befindlichen Vermögens von Angehörigen feindlicher Staaten vom 7. Oktober 1915 (RGBl. S. 633) und des § 9 der Verordnung, betreffend die zwangsweise Verwaltung französischer Unternehmungen, vom 26. November 1914 (RGBl. S. 487) folgendes bestimmt:

§ 1. Zahlungen nach Italien, nach den italienischen Kolonien und auswärtigen Besitzungen sowie nach den von italienischen Streitkräften besetzten Gebieten mittelbar oder unmittelbar in bar, Wechseln oder Schecks, durch Überweisung oder in sonstiger Weise zu leisten, sowie Geld oder Wertpapiere mittelbar oder unmittelbar nach den bezeichneten Gebieten abzuführen oder zu überweisen, ist verboten, wenn solche Zahlungen, Abführungen oder Überweisungen Handelsgeschäfte im Sinne des Handelsgesetzbuches sind, oder wenn sie erfolgen

1. zur Erfüllung von Geschäften, die für einen Teil oder für beide Teile Handelsgeschäfte im Sinne des Handelsgesetzbuchs sind,
2. zur Einlösung von Wechseln oder Schecks,
3. auf Schuldverschreibungen des Reichs oder eines Bundesstaates, die vor dem 31. Juli 1914 ausgestellt sind.

§ 2. Die Vorschriften des § 1 Abs. 2 sowie der §§ 2 bis 7 der Verordnung, betreffend Zahlungsverbot gegen England, vom 30. September 1914 finden auch gegenüber den im § 1 bezeichneten Gebieten Anwendung. Die Stundung gilt nur insoweit, als es sich um Ansprüche aus Geschäften oder Wertpapieren der im § 1 Nr. 1 bis 3 der gegenwärtigen Verordnung bezeichneten Art handelt. Für die Frage, ob die Stundung gegen den Erwerber wirkt (§ 2 Abs. 2 der Verordnung), kommt es ohne Rücksicht auf den Wohnsitz oder Sitz des Erwerbers nur darauf an, ob der Erwerb nach dem 30. April 1916 oder vorher stattgefunden hat.

Soweit in der Verordnung vom 30. September 1914 auf den Zeitpunkt ihres Inkrafttretens verwiesen wird, tritt der Zeitpunkt des Inkrafttretens dieser Bekanntmachung an die Stelle.

Die Vorschriften des § 6 Nr. 2, 3 der Verordnung finden keine Anwendung.

§ 3. Die Vorschriften der §§ 5 bis 11 und des § 13 der Verordnung über die Anmeldung des im Inland befindlichen Vermögens von Angehörigen feindlicher Staaten vom 7. Oktober 1915 finden auf das Vermögen italienischer Staatsangehöriger Anwendung.

§ 4. Die Vorschriften der Verordnung, betreffend die zwangsweise Verwaltung französischer Unternehmungen, vom

26. November 1914 in der Fassung der Verordnung vom 10. Februar 1916 (RGBl. S. 89) werden auch gegen italienische Staatsangehörige für anwendbar erklärt.

§ 5. Diese Bekanntmachung tritt mit dem Tage der Verkündung, hinsichtlich der Strafbestimmungen jedoch erst mit dem 27. November 1916 in Kraft.

Bekanntmachung, betreffend Zahlungsverbot gegen Italien.
(RKB.) Vom 7. Juni 1917 (RGBl. S. 483).

Auf Grund des § 7 Abs. 2 der Verordnung, betreffend Zahlungsverbot gegen England, vom 30. September 1914 (RGBl. S. 421) wird folgendes bestimmt:

Art. 1. Die Vorschriften der Verordnung, betreffend Zahlungsverbot gegen England, vom 30. September 1914 werden auf Italien, auf die italienischen Kolonien und auswärtigen Besitzungen sowie auf die von den italienischen Streitkräften besetzten Gebiete auch insoweit für anwendbar erklärt, als sich die Anwendung nicht schon aus der Bekanntmachung vom 24. November 1916 (RGBl. S. 1289) ergibt.

Die Anwendung unterliegt folgenden Einschränkungen:

1. Für die Frage, ob die Stundung gegen den Erwerber wirkt oder nicht (§ 2 Abs. 2 der Verordnung vom 30. September 1914), kommt es ohne Rücksicht auf den Wohnsitz oder Sitz des Erwerbers nur darauf an, ob der Erwerb nach dem 30. April 1917 oder vorher stattgefunden hat, sofern nicht nach § 2 der Bekanntmachung vom 24. November 1916 ein früherer Zeitpunkt maßgebend ist.

2. Soweit in der Verordnung vom 30. September 1914 auf den Zeitpunkt ihres Inkrafttretens verwiesen wird, tritt der Zeitpunkt des Inkrafttretens dieser Bekanntmachung an die Stelle, sofern nicht nach § 2 der Bekanntmachung vom 24. November 1916 ein früherer Zeitpunkt maßgebend ist.

Art. 2. Diese Bekanntmachung tritt mit dem Tage der Verkündung in Kraft.

7. Amerika.

Bekanntmachung, betreffend Zahlungsverbot gegen die Vereinigten Staaten von Amerika. (BRB.) Vom 9. August 1917 (RGBl. S. 708).

Art. 1. Die Vorschriften der Verordnung, betreffend Zahlungsverbot gegen England, vom 30. September 1914 finden auf die Vereinigten Staaten von Amerika entsprechende Anwendung.

Die Anwendung unterliegt folgenden Einschränkungen:

1. Für die Frage, ob die Stundung gegen den Erwerber wirkt oder nicht (§ 2 Abs. 2 der Verordnung vom 30. September 1914), kommt es ohne Rücksicht auf den Wohnsitz oder Sitz des Erwerbers nur darauf an, ob der Erwerb nach dem 6. April 1917 oder vorher stattgefunden hat.
2. Soweit in der Verordnung vom 30. September 1914 auf den Zeitpunkt ihres Inkrafttretens verwiesen wird, tritt der Zeitpunkt des Inkrafttretens dieser Verordnung an die Stelle.

Art. 2. Der Reichskanzler kann im Wege der Vergeltung Vorschriften, welche gegen feindliche Staaten erlassen worden sind, auch auf andere Staaten durch Bekanntmachung für anwendbar erklären.

Art. 3. Diese Verordnung tritt mit dem Tage der Verkündung in Kraft. Der Reichskanzler bestimmt, wann und in welchem Umfang sie außer Kraft tritt.

8. Siam, Liberia, China.

Bekanntmachung, betreffend wirtschaftliche Vergeltungsmaßnahmen gegen Siam, Liberia und China. (RKB.) Vom 12. September 1917 (RGBl. S. 831).

Im Wege der Vergeltung wird auf Grund des § 7 Abs. 2 der Verordnung, betreffend Zahlungsverbot gegen England, vom 30. September 1914 (RGBl. S. 421), des § 4 Abs. 2 der Verordnung über die Anmeldung des im Inland befindlichen Vermögens von Angehörigen feindlicher Staaten vom 7. Oktober 1915 (RGBl. S. 633) und des § 9 der Verordnung, betreffend die zwangsweise Verwaltung französischer Unternehmungen, vom 26. November 1914 (RGBl. S. 487) folgendes bestimmt:

Art. 1. Die Vorschriften der Verordnung, betreffend Zahlungsverbot gegen England, vom 30. September 1914 werden auch auf Siam, Liberia und China für anwendbar erklärt.

Die Anwendung unterliegt folgenden Einschränkungen:

1. Für die Frage, ob die Stundung gegen den Erwerber wirkt oder nicht (§ 2 Abs. 2 der Verordnung), kommt es ohne Rücksicht auf den Wohnsitz oder Sitz des Erwerbers nur darauf an, ob der Erwerb bei Siam nach dem 22. Juli 1917 oder vorher, bei Liberia nach dem 4. August 1917 oder vorher und bei China nach dem 14. August 1917 oder vorher stattgefunden hat.

2. Soweit in der Verordnung vom 30. September 1914 auf den Zeitpunkt ihres Inkrafttretens verwiesen wird, tritt der Zeitpunkt des Inkrafttretens dieser Bekanntmachung an die Stelle.

Art. 2. Die Vorschriften der Verordnung über die Anmeldung des im Inland befindlichen Vermögens von Angehörigen feindlicher Staaten vom 7. Oktober 1915 finden, insoweit als sie sich auf die Beschränkung der Verfügung über das inländische Vermögen und das Verbot der Abführung des Eigentums feindlicher Staatsangehöriger beziehen (§§ 5 bis 11, § 13 der Verordnung), auf das Vermögen siamesischer und chinesischer Staatsangehöriger Anwendung.

Art. 3. Die Vorschriften der Verordnung, betreffend die zwangsweise Verwaltung französischer Unternehmungen, vom 26. November 1914 in der Fassung der Verordnung vom 10. Februar 1916 (RGBl. S. 89) werden auch gegenüber siamesischen und chinesischen Staatsangehörigen für anwendbar erklärt.

Art. 4. Diese Bekanntmachung tritt mit dem Tage der Verkündung in Kraft.

IV. Überwachung und zwangsweise Verwaltung feindlicher Unternehmungen.

a) Überwachung.

Bekanntmachung, betreffend die Überwachung ausländischer Unternehmungen. (BRV.) Vom 4. September 1914 (RGBl. S. 397) ergänzt durch **Bekanntmachung (BRV.) vom 22. Okt. 1914** (RGBl. S. 447).

§ 1. Die Landeszentralbehörden können unter Zustimmung des Reichskanzlers im Wege der Vergeltung für solche innerhalb ihres Gebietes ansässigen Unternehmungen oder Zweigniederlassungen von Unternehmungen, welche vom feindlichen Ausland aus geleitet oder beaufsichtigt werden, oder deren Erträgnisse ganz oder zum Teil in das feindliche Ausland abzuführen sind, auf Kosten der Unternehmungen Aufsichtspersonen bestellen, die unter Wahrung der Eigentums- und sonstigen Privatrechte des Unternehmens darüber zu wachen haben, daß während des Krieges der Geschäftsbetrieb nicht in einer den deutschen Interessen widerstreitenden Weise geführt wird.

Auf Versicherungsunternehmungen finden die Vorschriften dieser Verordnung mit der Maßgabe Anwendung, daß die Überwachung auf Anordnung des Reichskanzlers durch das Aufsichtsamt für Privatversicherung veranlaßt wird.

§ 2. Die Aufsichtspersonen sind insbesondere befugt:

1. geschäftliche Maßnahmen jeder Art, insbesondere Verfügungen über Vermögenswerte und Mitteilungen über geschäftliche Angelegenheiten, zu untersagen,
2. die Bücher und Schriften des Unternehmens einzusehen sowie den Bestand der Kasse und die Bestände an Wertpapieren und Waren zu untersuchen,
3. Auskunft über alle Geschäftsangelegenheiten zu verlangen.

§ 3. Die Leiter und Angestellten der Unternehmungen haben den zum Zwecke der Überwachung des Unternehmens von den Aufsichtspersonen getroffenen Anordnungen und Weisungen Folge zu leisten.

§ 4. Gelder oder sonstige Vermögenswerte eines unter Aufsicht gestellten Unternehmens dürfen weder mittelbar noch unmittelbar in das feindliche Ausland abgeführt oder überwiesen werden.

Die Aufsichtspersonen können Ausnahmen zulassen. Sie können in geeigneten Fällen anordnen, daß Geld- oder Wertpapiere, deren Abführung oder Überweisung nach Abs. 1 nicht erfolgen darf, zugunsten der Berechtigten bei der Reichsbank hinterlegt werden.

§ 5. Wer als Leiter oder Angestellter eines Unternehmens den Vorschriften der §§ 3 oder 4 vorsätzlich zuwiderhandelt, wird, sofern nicht nach anderen Strafgesetzen eine höhere Strafe verwirkt ist, mit Geldstrafe bis zu 50000 Mark und mit Gefängnis bis zu 3 Jahren oder mit einer dieser Strafen bestraft. Der Versuch ist strafbar.

§ 5a[1]. Ist für eine unter Aufsicht gestellte Unternehmung oder Zweigniederlassung kein Leiter oder Angestellter im Inland vorhanden, der zu Rechtshandlungen für die Unternehmung oder Zweigniederlassung befugt ist, oder nimmt der Leiter oder Angestellte die Geschäfte nicht wahr, so ist auf Antrag der Aufsichtsperson ein Vertreter zu bestellen.

Die Bestellung erfolgt durch das Amtsgericht, in dessen Bezirk die Unternehmung oder Zweigniederlassung ansässig ist. Über die Auswahl des Vertreters ist die Aufsichtsperson zu hören.

Der Vertreter hat die laufenden Geschäfte der Unternehmung oder Zweigniederlassung ganz oder teilweise zu beendigen; zur Beendigung schwebender Geschäfte kann er auch neue Geschäfte eingehen. Er hat den Anordnungen und Weisungen der Aufsichtsperson Folge zu leisten.

---

[1]) § 5a ist eingefügt durch die Bek. v. 22. Oktober 1914; in Kraft seit diesem Tage.

Der Vertreter hat Anspruch auf Erstattung barer Auslagen und auf eine angemessene Vergütung für seine Tätigkeit. Der Betrag ist durch das Amtsgericht nach Anhörung der Aufsichtsperson festzusetzen und von dem Vertreter bei der Unternehmung oder Zweigniederlassung einzuziehen.

Während der Dauer der Vertretung ruht die Befugnis der Leiter und Angestellten zu Rechtshandlungen für die Unternehmung oder die Zweigniederlassung.

Das Amtsgericht hat die Vertretung auf Antrag der Aufsichtsperson aufzuheben.

Ist die Unternehmung oder Zweigniederlassung in das Handelsregister oder das Genossenschaftsregister eingetragen, so ist die Bestellung des Vertreters sowie die Aufhebung der Vertretung von Amtswegen in das Register einzutragen.

Gerichtsgebühren werden nicht erhoben.

§ 6. Diese Verordnung tritt mit dem Tage der Verkündung in Kraft.

b) Zwangsweise Verwaltung.

1. Bekanntmachung, betreffend die zwangsweise Verwaltung französischer Unternehmungen. (BRV.) Vom 26. Nov. 1914 (RGBl. S. 487).

§ 1. Die Landeszentralbehörden können unter Zustimmung des Reichskanzlers im Wege der Vergeltung solche Unternehmungen, deren Kapital ganz oder überwiegend französischen Staatsangehörigen zusteht, zwangsweise unter Verwaltung stellen. Die Anwendung dieser Vorschrift wird nicht dadurch ausgeschlossen, daß zur Verdeckung der Beteiligung französischer Staatsangehöriger Angehörige anderer Staaten vorgeschoben werden.

§ 2. Der Verwalter hat sich in den Besitz des Unternehmens zu setzen. Er ist zu allen Rechtshandlungen für das Unternehmen befugt. Er kann das Unternehmen ganz oder teilweise fortführen oder sich auf die Beendigung der laufenden Geschäfte beschränken.

Nach Abwickelung der Geschäfte kann der Verwalter, wenn es sich um eine Gesellschaft handelt, die im Inland ihren Sitz hat, auf Antrag eines deutschen Gesellschafters die Gesellschaft unter Zustimmung der Landeszentralbehörde auflösen.

Während der Dauer der Verwaltung ruhen die Befugnisse des Inhabers des Unternehmens sowie die Befugnisse anderer Personen zu Rechtshandlungen für das Unternehmen. Das gleiche gilt von den Befugnissen aller Organe.

Ist das Unternehmen in das Handelsregister eingetragen, so ist die Bestellung des Verwalters sowie die Aufhebung der Verwaltung von Amtswegen gebührenfrei einzutragen.

§ 3. Der Reichskanzler kann im Wege der Vergeltung die Auflösung der im § 1 bezeichneten Unternehmungen sowie bei Gesellschaften, die im Inland ihren Sitz haben, die Auflösung der Gesellschaft für zulässig erklären.

§ 4. Die Landeszentralbehörde kann bestimmen, in welcher Weise die in den §§ 1 bis 3 bezeichneten Maßnahmen durchzuführen sind.

§ 5. Die Kosten der in den §§ 1 bis 4 bezeichneten Maßnahmen hat das Unternehmen zu tragen.

Überschüsse, die sich für die am Unternehmen Beteiligten ergeben, sind, soweit es sich um Angehörige des feindlichen Auslandes handelt, für deren Rechnung bei der Reichsbank zu hinterlegen. Die Landeszentralbehörde kann, wenn der Angehörige des feindlichen Auslandes im Inland wohnt, die Auszahlung der für seinen Unterhalt erforderlichen Beträge gestatten.

§ 6. Wer vorsätzlich einer auf Grund der §§ 1 bis 3 angeordneten Verwaltung Gegenstände ganz oder teilweise entzieht, wird mit Gefängnis bis zu einem Jahre bestraft.

§ 7. Einem Unternehmen im Sinne dieser Verordnung stehen die Niederlassung eines Unternehmens sowie ein Grundstück gleich.

§ 8. Auf Versicherungsunternehmungen, die dem Aufsichtsamte für Privatversicherung unterstehen, finden die Vorschriften dieser Verordnung mit der Maßgabe Anwendung, daß die in den §§ 1 bis 4 bezeichneten Maßnahmen auf Anordnung des Reichskanzlers durch das Aufsichtsamt für Privatversicherung getroffen werden.

§ 9. Der Reichskanzler kann im Wege der Vergeltung die Vorschriften dieser Verordnung auf die Angehörigen anderer feindlicher Staaten für anwendbar erklären.

§ 10. Diese Verordnung tritt mit dem Tage der Verkündung in Kraft..

2. Änderung in der Kapitalbeteiligung.

Bekanntmachung, betreffend Änderungen hinsichtlich der Kapitalbeteiligung an einem Unternehmen. (BRV.) Vom 5. Januar 1915 (RGBl. S. 13).

§ 1. Nach dem 26. November 1914 eingetretene Änderungen in der Kapitalbeteiligung eines Unternehmens schließen die Zulässigkeit der in der Verordnung vom 26. November 1914, betreffend die zwangsweise Verwaltung französischer Unternehmungen (RGBl. S. 487), und in den auf Grund derselben ergangenen Bekanntmachungen des Reichskanzlers vorgesehenen Maßnahmen nicht aus.

§ 2. Wer in der Zeit nach dem 26. November 1914 bis zum Inkrafttreten dieser Verordnung Anteile an dem Unternehmen erworben hat, die am 26. November 1914 einem Angehörigen des feindlichen Auslandes zustanden, kann von dem Vertrage zurücktreten, sofern das Unternehmen unter zwangsweise Verwaltung gestellt wird. Der Rücktritt ist innerhalb eines Monats, nachdem der Berechtigte von der Einsetzung der Verwaltung Kenntnis erlangt hat, gegenüber dem Verwalter zu erklären.

§ 3. Diese Verordnung tritt mit dem Tage der Verkündung in Kraft.

3. Zulässigkeit der zwangsweisen Verwaltung auch bei sonstigen Vermögenswerten und Nachlaßmassen.

Bekanntmachung, betreffend Ergänzung der Vorschriften über die zwangsweise Verwaltung ausländischer Unternehmungen. (BRV.) Vom 10. Februar 1916 (RGBl. S. 89).

Art. 1. Der § 7 der Verordnung, betreffend die zwangsweise Verwaltung französischer Unternehmungen, vom 26. November 1914 (RGBl. S. 487) wird dahin ergänzt, daß einem Unternehmen im Sinne der Verordnung außer der Niederlassung eines Unternehmens und Grundstücken auch Vermögenswerte, die zu einem Unternehmen gehören, sowie Nachlaßmassen gleichstehen.

Aus besonderen Gründen können im Wege der Vergeltung mit Zustimmung des Reichskanzlers auch sonstige Vermögenswerte, wenn sie französischen oder auf Grund des § 9 der Verordnung gleichgestellten Staatsangehörigen zustehen, zwangsweise unter Verwaltung gestellt werden.

Art. 2. Diese Verordnung tritt mit dem Tage der Verkündung in Kraft.

4. Zwangsvollstreckungen und Konkurse, sowie Beseitigung der Stundung vermögensrechtlicher Ansprüche.

Bekanntmachung, betreffend die Überwachung und zwangsweise Verwaltung ausländischer Unternehmungen. (BRV.) Vom 24. August 1916 (RGBl. S. 961).

§ 1. Zwangsvollstreckungen, Arreste, einstweilige Verfügungen und Konkursanträge gegen das Vermögen, das einer staatlichen Aufsicht oder Verwaltung nach Maßgabe der Verordnungen vom 4. September[1]) und 26. November 1914[2]) sowie vom 10. Februar 1916[3]) (RGBl. 1914 S. 397, 487; 1916 S. 89) untersteht, können nur mit Genehmigung der Landeszentralbehörde erfolgen. Soweit nach dem Inkraft-

---

[1]) Siehe oben S. 150. [2]) Siehe oben S. 152.

[3]) Siehe oben.

treten der Verordnung über die Anmeldung des im Inland befindlichen Vermögens von Angehörigen feindlicher Staaten vom 7. Oktober 1915[1]) (RGBl. S. 633) Zwangsvollstreckungen, Arreste oder einstweilige Verfügungen erfolgt sind, kann die Aufsichtsperson oder der Verwalter mit Genehmigung der Landeszentralbehörde die Aufhebung verlangen.

§ 2. Ist Vermögen nach Maßgabe der Verordnungen vom 26. November 1914 und vom 10. Februar 1916 unter Verwaltung gestellt, so kann der Verwalter ungeachtet der Vorschrift des § 2 der Verordnung, betreffend Zahlungsverbot gegen England, vom 30. September 1914[2]) (RGBl. S. 421) die Erfüllung vermögensrechtlicher Ansprüche fordern; die Stundung endet mit dem Ablauf eines Monats nach der Aufforderung zur Leistung.

Endet bei einem Wechsel, bei welchem durch die Stundung gemäß § 4 der Verordnung vom 30. September 1914[2]) die Protesterhebung hinausgeschoben ist, die Stundung auf Grund der Vorschrift des Abs. 1, so bleiben gleichwohl die Protesterhebung und der Rückgriff aus dem Wechsel bis auf weiteres ausgeschlossen. Diese Vorschrift findet auf Schecks entsprechende Anwendung.

§ 3. Die Verordnung tritt mit dem Tage der Verkündung in Kraft. Der Reichskanzler bestimmt den Zeitpunkt des Außerkrafttretens.

5. **Miet- und Pachtzinsforderungen bei zwangsweise verwalteten Grundstücken.** Siehe Bek. v. 26. März 1915 oben S. 135.

6. **Haftung der Aufsichtspersonen und Zwangsverwalter. Bekanntmachung, betreffend Ergänzung der Verordnungen über die Überwachung und zwangsweise Verwaltung ausländischer Unternehmungen.** Vom 24. Juni 1915 (RGBl. S. 351).

Der Bundesrat hat in Ergänzung der Verordnungen, betreffend die Überwachung ausländischer Unternehmungen,

---

[1]) Siehe unten S. 159. [2]) Siehe oben S. 132.

vom 4. September und 22. Oktober 1914 (RGBl. S. 397, 447), sowie betreffend die zwangsweise Verwaltung französischer Unternehmungen, vom 26. November 1914 (RGBl. S. 487) folgende Verordnung erlassen:

Art. 1. Ist nach Maßgabe der Verordnungen vom 4. September, 22. Oktober oder 26. November 1914 oder einer ergänzenden Bekanntmachung des Reichskanzlers eine Aufsichtsperson, ein Vertreter oder ein Verwalter bestellt worden, so können wegen der von der bestellten Person in Ausübung oder in Veranlassung der Ausübung ihrer Obliegenheiten vorgenommenen Handlungen oder Unterlassungen Schadenersatzansprüche des Inhabers des Unternehmens oder eines an dem Unternehmen Beteiligten nur mit Genehmigung der Landeszentralbehörde geltend gemacht werden. Die Genehmigung ist zu erteilen, wenn eine schuldhafte Pflichtverletzung vorliegt. Soweit die Genehmigung nicht erteilt ist, ist der Rechtsweg unzulässig.

Art. 2. Leiter und Angestellte eines unter zwangsweise Verwaltung gestellten Unternehmens sind verpflichtet, dem Verwalter auf Erfordern Auskunft über die Geschäftsangelegenheiten des Unternehmens zu erteilen; dies gilt auch dann, wenn ihre Beschäftigung bei dem Unternehmen nach dem 30. Juli 1914 ein Ende genommen hat. Wer die Auskunft vorsätzlich nicht erteilt oder wissentlich unwahre Angaben macht, wird mit Gefängnis bis zu eintausendfünfhundert Mark oder mit Gefängnis bis zu drei Monaten bestraft.

Hinsichtlich der Verpflichtung zur Auskunft an Aufsichtspersonen bewendet es bei den Vorschriften der Verordnung vom 4. September 1914.

Art. 3. Die Vorschriften des Art. 1 treten mit dem Tage der Verkündung, die Vorschriften des Art. 2 mit dem 28. Juni 1915 in Kraft.

c) Ausdehnung auf andere Staaten.

1. England.

Bekanntmachung, betreffend die zwangsweise Verwaltung britischer Unternehmungen. Vom 22. Dezember 1914 (RGBl. S. 556).

Auf Grund des § 9 der Verordnung vom 26. November 1914, betreffend die zwangsweise Verwaltung französischer Unternehmungen, wird folgendes bestimmt:

Art. 1. Die Vorschriften der Verordnung vom 26. November 1914 werden im Wege der Vergeltung auch auf Unternehmungen, deren Kapital ganz oder überwiegend britischen Staatsangehörigen zusteht, für anwendbar erklärt.

Art. 2. Diese Bekanntmachung tritt mit dem Tage der Verkündung in Kraft.

2. Rußland.

Bekanntmachung über die zwangsweise Verwaltung russischer Unternehmungen. (RKB.) Vom 4. März 1915 (RGBl. S. 133).

Wörtlich übereinstimmend mit der Bekanntmachung vom 22. Dezember 1914 bezüglich Englands mit der Maßgabe, daß an Stelle des Wortes „britischer" im Art. 1 das Wort „russischer" zu setzen ist.

3. Portugal.

Bekanntmachung vom 14. Mai 1916, siehe oben S. 143.

4. Rumänien.

Bekanntmachung, betreffend zwangsweise Verwaltung rumänischer Unternehmungen. (RKB.) Vom 28. September 1916 (RGBl. S. 1099).

Im Wege der Vergeltung wird auf Grund des § 9 der Verordnung, betreffend die zwangsweise Verwaltung französischer Unternehmungen, vom 26. November 1914 (RGBl. S. 487) folgendes bestimmt:

Die Vorschriften der Verordnung, betreffend die zwangsweise Verwaltung französischer Unternehmungen, vom 26. November 1914 in der Fassung der Verordnung vom 10. Februar 1916 (RGBl. S. 89) werden auch gegenüber rumänischen Staatsangehörigen für anwendbar erklärt.

Diese Bekanntmachung tritt mit dem Tage der Verkündung in Kraft.

5. Italien.

Bekanntmachung vom 24. November 1916, siehe oben S. 145.

6. Siam und China.

Bekanntmachung vom 12. September 1917, siehe oben S. 148.

7. Amerika (siehe Anhang).

V. Anmeldung des im Inland befindlichen feindlichen Vermögens.

a) **Bekanntmachung über Anmeldung des im Inland befindlichen Vermögens von Angehörigen feindlicher Staaten.** (**BRV.**) **Vom 7. Oktober 1915** (**RGBl. S. 633**).

§ 1. Das im Inland befindliche Vermögen von Angehörigen feindlicher Staaten ist nach Maßgabe der vom Reichskanzler zu erlassenden Vorschriften anzumelden.

§ 2. Die Landeszentralbehörden bestimmen, bei welchen Stellen die Anmeldungen zu erfolgen haben.

Auf Erfordern dieser Stellen ist jedermann verpflichtet, binnen einer von der Anmeldestelle festzusetzenden Frist eine Erklärung darüber abzugeben, ob bei ihm die Voraussetzungen der Anmeldepflicht vorliegen, sowie eine abgegebene Erklärung oder Anmeldung durch nähere Auskünfte zu ergänzen.

§ 3. Die mit der Entgegennahme oder Bearbeitung der Anmeldung befaßten Personen sind verpflichtet, über die aus Anlaß der Anmeldung zu ihrer Kenntnis gelangten Verhältnisse Verschwiegenheit zu beobachten.

§ 4. Als feindliche Staaten im Sinne dieser Verordnung gelten Großbritannien und Irland, Frankreich, Rußland und Finnland sowie die Kolonien und auswärtigen Besitzungen dieser Staaten.

Der Reichskanzler kann die Vorschriften dieser Verordnung ganz oder teilweise auch auf andere feindliche Staaten sowie auf Länder, die vom Feinde besetzt sind, für anwendbar erklären.

§ 5. Juristische Personen, die im feindlichen Ausland (§ 4) ihren Sitz haben, stehen einem Angehörigen der feindlichen Staaten im Sinne dieser Verordnung gleich.

§ 6. Zu dem im Inland befindlichen Vermögen im Sinne dieser Verordnung gehören insbesondere auch Beteiligungen an einem Unternehmen, das im Inland seinen Sitz hat, sowie vermögensrechtliche Ansprüche aller Art, wenn sie gegen Personen gerichtet sind, die im Inland ihren Wohnsitz oder Sitz haben.

§ 7. Ist nach dem 31. Juli 1914 ein im Inland befindlicher Vermögensgegenstand von einem Angehörigen der feindlichen Staaten veräußert oder abgetreten worden und ist anzunehmen, daß die Veräußerung oder Abtretung geschehen ist, um ihn den deutschen Vergeltungsmaßnahmen zu entziehen, so kann der Reichskanzler anordnen, daß die Veräußerung oder Abtretung für die Anwendung dieser Verordnung als nicht geschehen anzusehen ist.

§ 8. Im Inland befindliches Vermögen von Angehörigen feindlicher Staaten, insbesondere auch ein dazu gehöriger Anspruch, kann vom Inkrafttreten dieser Verordnung an, unbeschadet weitergehender Anordnungen der Militärbefehlshaber, nur mit Genehmigung des Reichskanzlers veräußert, abgetreten oder belastet werden.

Unberührt bleibt die Zulässigkeit der Ausübung eines vor dem Inkrafttreten dieser Verordnung erlangten dinglichen Rechtes oder kaufmännischen Zurückbehaltungsrechts.

§ 9. Die im § 8 bezeichneten Beschränkungen gelten nicht

1. für das Vermögen feindlicher Staatsangehöriger, die sich im Inland aufhalten,
2. für das Vermögen feindlicher Staatsangehöriger, das zu einem im Inland befindlichen Betriebe gehört,

soweit es sich um Veräußerungen, Abtretungen oder Belastungen zugunsten von Personen handelt, die im Inland ihren Wohnsitz, Sitz oder dauernden Aufenthalt haben.

Die im § 8 bezeichneten Beschränkungen gelten ferner nicht für das einer staatlichen Aufsicht oder Verwaltung nach Maßgabe der Bundesratsverordnungen vom 4. September und 26. November 1914 (RGBl. S. 397, 487)[1]) unterstehende Vermögen.

§ 10. Es ist bis auf weiteres verboten, ohne Genehmigung des Reichskanzlers Sachen, die im Eigentume von Angehörigen feindlicher Staaten stehen, insbesondere auch Wertpapiere und Geldstücke, unmittelbar oder mittelbar nach dem Ausland abzuführen, soweit es sich nicht um die Mitnahme von Reisegut handelt. Der Reichskanzler kann nähere Bestimmungen darüber erlassen, was als Reisegut anzusehen ist.

§ 11. Die weitergehenden Vorschriften der Bekanntmachungen, betreffend die Zahlungsverbote gegen England, Frankreich und Rußland, vom 30. September, 20. Oktober und 19. November 1914 (RGBl. S. 421, 443, 479)[1]) bleiben unberührt.

§ 12. Mit Geldstrafe bis zu eintausendfünfhundert Mark oder mit Gefängnis bis zu drei Monaten wird bestraft:

1. wer vorsätzlich den gemäß § 1 ergehenden Anordnungen des Reichskanzlers über die Vermögensanmeldung oder einer gemäß § 2 Abs. 2 ergehenden Aufforderung nicht oder nicht innerhalb der vorgeschriebenen Frist nachkommt;
2. wer bei der Anmeldung oder bei einer nach § 2 Abs. 2 abzugebenden Erklärung oder Auskunft wissentlich unvollständige oder unrichtige Angaben macht;
3. wer den Vorschriften des § 3 zuwider Verschwiegenheit nicht beobachtet.

In dem Falle der Nr. 3 tritt die Verfolgung nur auf Antrag ein.

---

[1]) Siehe oben S. 150, 152.

§ 13. Mit Gefängnis bis zu drei Jahren und mit Geldstrafe bis zu fünfzigtausend Mark oder mit einer dieser Strafen wird, sofern nicht nach anderen Strafgesetzen eine höhere Strafe verwirkt ist, bestraft, wer wissentlich dem Verbote des § 10 zuwiderhandelt.

§ 14. Diese Verordnung tritt mit dem Tage der Verkündung, die Vorschrift des § 13 tritt jedoch erst mit dem 11. Oktober 1915 in Kraft.

Der Reichskanzler bestimmt, wann und in welchem Umfang diese Verordnung außer Kraft tritt.

Die **Bekanntmachung, betreffend Vorschriften über die Anmeldung des im Inland befindlichen Vermögens von Angehörigen feindlicher Staaten** (RKB.), vom 10. Oktober 1915 (RGBl. S. 653),

enthält lediglich Bestimmungen über die Form der einzelnen Anmeldungen auf verschiedenen Bogen (A für im Inland sich aufhaltende feindliche Staatsangehörige, B für inländische Verwahrer und Verwalter feindlichen Vermögens, C für inländische Schuldner feindlicher Gläubiger, D für Beteiligungen feindlicher Staatsangehöriger an im Inland ansässigen Unternehmungen), in Art. 7 die Vorschrift, daß bei Zweifeln über die Staatsangehörigkeit einer im feindlichen Ausland befindlichen Person der Anmeldepflichtige sie als feindliche Staatsangehörigkeit zu behandeln hat, und im Art. 8 bis 10 persönliche und sachliche Ausnahmen von der Anmeldepflicht.

b) Ausnahme bezüglich Rußlands.

Bekanntmachung, betreffend Ausnahme von der Sperre feindlichen Vermögens. (RKB.) Vom 21. Okt. 1915 (RGBl. S. 707).

Auf Grund der §§ 8, 10 der Verordnung über die Anmeldung des im Inland befindlichen Vermögens von Angehörigen feindlicher Staaten vom 7. Oktober 1915 (RGBl. S. 633) werden für natürliche Personen, die in den unter deutscher Verwaltung stehenden Gebieten Rußlands ihren

Wohnsitz und gegenwärtigen Aufenthalt haben, sowie für juristische Personen, die dort ihren Sitz und ihre gegenwärtige Verwaltung haben, folgende Ausnahmen zugelassen:

1. Die Veräußerung, Abtretung oder Belastung ihres im Inland befindlichen Vermögens zugunsten von Personen der bezeichneten Art oder von Personen, die im Inland ihren Wohnsitz, Sitz oder dauernden Aufenthalt haben, wird gestattet.

2. Es wird gestattet, Sachen, insbesondere Wertpapiere und Geldstücke, die im Eigentum der bezeichneten Personen stehen, nach den unter deutscher Verwaltung stehenden Gebieten Rußlands abzuführen.

Bekanntmachung vom 19. April 1916, siehe oben S. 140.

c) Ausdehnung der Vermögenssperre der §§ 5 bis 11, 13 der Bek. vom 7. Oktober 1915 auf andere Staaten.

1. Portugal.

Bekanntmachung vom 14. Mai 1916, siehe oben S. 143.

2. Rumänien.

Bekanntmachung vom 28. August 1916, siehe oben S. 144.

3. Italien.

Bekanntmachung vom 24. November 1916, siehe oben S. 145.

4. Siam, China.

Bekanntmachung vom 12. September 1917, siehe oben S. 148.

5. Amerika.

Bekanntmachung, betreffend wirtschaftliche Vergeltungsmaßnahmen gegen die Vereinigten Staaten von Amerika. (RKB.)
Vom 10. November 1917 (RGBl. S. 1050).

Im Wege der Vergeltung wird auf Grund des § 4 Abs. 2 der Verordnung über die Anmeldung des im Inland befindlichen Vermögens von Angehörigen feindlicher Staaten vom 7. Oktober 1915 (RGBl. S. 633) folgendes bestimmt:

§ 1. Die Vorschriften der §§ 5 bis 11 und des § 13 der Verordnung über die Anmeldung des im Inland befindlichen Vermögens von Angehörigen feindlicher Staaten vom 7. Oktober 1915 finden auf das Vermögen von Angehörigen der Vereinigten Staaten von Amerika Anwendung.

§ 2. Diese Bekanntmachung tritt mit dem Tage der Verkündung, hinsichtlich der Strafbestimmungen jedoch erst mit dem 20. November 1917 in Kraft.

VI. Liquidation feindlicher Unternehmungen und feindlichen Vermögens.

a) England.

1. Bekanntmachung, betreffend Liquidation britischer Unternehmungen. (BRB.) Vom 31. Juli 1916 (RGBl. S. 871).

§ 1. Der Reichskanzler kann die Liquidation solcher Unternehmungen, deren Kapital überwiegend britischen Staatsangehörigen zusteht oder die vom britischen Gebiet aus geleitet oder beaufsichtigt werden oder bis zum Kriegsausbruche geleitet oder beaufsichtigt worden sind, sowie die Liquidation der britischen Beteiligung an einem Unternehmen anordnen. Einem Unternehmen im Sinne dieser Verordnung stehen Niederlassungen eines Unternehmens, Nachlaßmassen und Grundstücke gleich.

Die Entscheidung des Reichskanzlers, daß die Voraussetzungen für die Anordnung der Liquidation gegeben sind, ist endgültig.

§ 2. Die Liquidation ist nach den von der Landeszentralbehörde im Benehmen mit dem Reichskanzler erlassenen allgemeinen und besonderen Weisungen durch einen von der Landeszentralbehörde ernannten Liquidator durchzuführen.

§ 3. Der für ein Unternehmen bestellte Liquidator hat sich in den Besitz des Unternehmens zu setzen. Er ist zu allen Rechtshandlungen für das Unternehmen befugt. Er kann das Unternehmen als Ganzes veräußern.

Die Befugnisse des Inhabers des Unternehmens sowie die Befugnisse anderer Personen zu Rechtshandlungen für das Unternehmen ruhen. Das gleiche gilt von den Befugnissen aller Organe.

Ist das Unternehmen in das Handelsregister eingetragen, so hat der Liquidator die Anordnung der Liquidation sowie ihre Aufhebung zur Eintragung in das Handelsregister anzumelden.

Ist für die britische Beteiligung an einem Unternehmen ein Liquidator bestellt, so übt er alle Rechte des britischen Beteiligten aus; er ist insbesondere auch befugt, die Beteiligung an das Unternehmen oder an Dritte zu veräußern. Handelt es sich um die Beteiligung an einer offenen Handelsgesellschaft, Kommanditgesellschaft oder Gesellschaft mit beschränkter Haftung, so kann der Liquidator die Gesellschaft ohne Einhaltung einer Frist kündigen.

Ist das Recht der Beteiligung in einer Urkunde verbrieft, so kann der Reichskanzler bestimmen, daß das Unternehmen an Stelle der von dem Liquidator für kraftlos zu erklärenden Urkunde eine neue Urkunde über die Beteiligung auszustellen hat.

(Abs. 6 siehe S. 170.)

§ 4. Der Liquidator kann ungeachtet der Vorschrift des § 2 der Verordnung, betreffend Zahlungsverbot gegen England, vom 30. September 1914 (RGBl. S. 421) die Erfüllung vermögensrechtlicher Ansprüche fordern; die Stundung endet mit dem Ablauf eines Monats nach der Aufforderung zur Leistung.

Endet bei einem Wechsel, bei welchem durch die Stundung gemäß § 4 der Verordnung vom 30. September 1914 die Protesterhebung hinausgeschoben ist, die Stundung auf Grund der Vorschrift des Abs. 1, so bleiben gleichwohl die Protesterhebung und der Rückgriff aus dem Wechsel bis auf weiteres ausgeschlossen. Diese Vorschrift findet auf Schecks entsprechende Anwendung.

§ 5. Für das der Liquidation unterstehende Vermögen gelten die im § 8 der Verordnung über die Anmeldung des im Inland befindlichen Vermögens von Angehörigen feindlicher Staaten vom 7. Oktober 1915 (RGBl. S. 633) bezeichneten Verfügungsbeschränkungen nicht.

Zwangsvollstreckungen, Arreste, einstweilige Verfügungen und Konkursanträge können nur mit Genehmigung der Landeszentralbehörde erfolgen. Soweit nach dem Inkrafttreten der Verordnung vom 7. Oktober 1915 Zwangsvollstreckungen, Arreste oder einstweilige Verfügungen erfolgt sind, kann der Liquidator mit Genehmigung der Landeszentralbehörde die Aufhebung verlangen.

§ 6. Ist ein Unternehmen oder eine Beteiligung an einem Unternehmen unter Liquidation gestellt, so sind die Leiter und Angestellten verpflichtet, dem Liquidator auf Erfordern Auskunft über die Geschäftsangelegenheiten des Unternehmens, insbesondere über die beteiligten feindlichen Staatsangehörigen, zu geben. Dies gilt auch dann, wenn die Beschäftigung bei dem Unternehmen nach dem 30. Juli 1914 ein Ende genommen hat.

Wer die Auskunft vorsätzlich nicht erteilt oder wissentlich unwahre Angaben macht, wird mit Geldstrafe bis zu eintausendfünfhundert Mark oder mit Gefängnis bis zu drei Monaten bestraft.

§ 7. Die Kosten der Liquidation sind aus dem Liquidationserlöse zu decken. Der Erlös ist, soweit er auf britische Staatsangehörige entfällt, zu hinterlegen. Die Landeszentralbehörde kann an im Inland wohnende britische Beteiligte die Auszahlung der für den Unterhalt erforderlichen Beträge gestatten.

§ 8. Wer vorsätzlich einem gemäß dieser Verordnung bestellten Liquidator Gegenstände ganz oder teilweise entzieht, wird mit Gefängnis bis zu einem Jahre bestraft.

§ 9. Auf Versicherungsunternehmungen, die dem Aufsichtsamte für Privatversicherung unterstehen, finden die Vorschriften dieser Verordnung mit der Maßgabe Anwendung, daß die Durchführung der Liquidation nach den vom Reichskanzler erlassenen Anordnungen erfolgt.

§ 10. Wegen der von dem Liquidator in Ausübung oder in Veranlassung der Ausübung seiner Obliegenheiten vorgenommenen Handlungen oder Unterlassungen können Schadenersatzansprüche des Inhabers des Unternehmens oder eines an dem Unternehmen Beteiligten nur mit Genehmigung der Landeszentralbehörde geltend gemacht werden. Die Genehmigung ist zu erteilen, wenn eine schuldhafte Pflichtverletzung vorliegt. Soweit die Genehmigung nicht erteilt ist, ist der Rechtsweg unzulässig.

§ 11. Der Reichskanzler kann die ihm nach dieser Verordnung zustehenden Befugnisse ganz oder teilweise einem Reichskommissar übertragen.

§ 12. Als britisches Gebiet im Sinne dieser Verordnung gelten Großbritannien und Irland sowie, mit Ausnahme Kanadas und der Südafrikanischen Union, die britischen Kolonien und auswärtigen Besitzungen; als britische Staatsangehörige gelten die Angehörigen dieser Länder sowie die nach britischem Rechte begründeten juristischen Personen.

Der Reichskanzler kann im Wege der Vergeltung die Vorschriften dieser Verordnung auch auf andere feindliche Länder für anwendbar erklären.

§ 13. Diese Verordnung tritt mit dem Tage der Verkündung in Kraft.

2. Erlöschen von Hypotheken und Grundschulden.

Bekanntmachung zur Ergänzung der Bekanntmachung vom 31. Juli 1916, betreffend Liquidation britischer Unternehmungen.

(BRV.) Vom 18. Januar 1917 (RGBl. S. 65).

§ 1. Ist ein Grundstück, das auf Grund der Verordnung, betreffend Liquidation britischer Unternehmungen, vom 31. Juli

1916 (RGBl. S. 871) einer Liquidation untersteht, mit einer Hypothek oder Grundschuld belastet, so kann der Reichskanzler, falls er für nachgewiesen hält, daß der Hypotheken- oder Grundschuldbrief nicht erreichbar ist, anordnen, daß im Falle der Veräußerung des Grundstücks die Hypothek oder Grundschuld ganz oder teilweise erlischt. Er kann Anordnungen darüber treffen, in welcher Weise für den Gläubiger anderweit Sicherheit zu schaffen ist.

Zur Löschung ist die Vorlegung des Hypotheken- oder Grundschuldbriefs nicht erforderlich. Die Löschung ist auf Grund der im Abs. 1 Satz 1 bezeichneten Anordnung des Reichskanzlers vom Grundbuchamte vorzunehmen und im Reichsanzeiger bekanntzumachen.

Der Reichskanzler kann die ihm nach Abs. 1 zustehenden Befugnisse dem Reichskommissar (§ 11 der Verordnung vom 31. Juli 1916) übertragen.

§ 2. Die Verordnung tritt mit dem Tage der Verkündung in Kraft.

3. Kraftloserklärung von Aktien.

Bekanntmachung über die Kraftloserklärung von Aktien bei der Liquidation feindlichen Vermögens. (BRV.) Vom 15. Nov. 1917 (RGBl. S. 1051).

§ 1. Ist auf Grund der Bekanntmachung, betreffend Liquidation britischer Unternehmungen, vom 31. Juli 1916 (RGBl. S. 871) über eine Aktiengesellschaft oder Kommanditgesellschaft auf Aktien, die Inhaberaktien ausgegeben hat, oder über die Beteiligung an einer solchen Gesellschaft die Liquidation angeordnet, so kann der Reichskanzler bestimmen, daß nach Ablauf einer von ihm zu bestimmenden Frist sämtliche Inhaberaktien der Gesellschaft oder ein Teil von ihnen durch den Liquidator für kraftlos erklärt werden können und von der Gesellschaft neue Aktienurkunden ausgestellt werden.

§ 2. Die für den Sitz der Gesellschaft zuständige Landeszentralbehörde oder die von ihr bestimmte Stelle hat durch öffentliche Bekanntmachung die Inhaber der Aktien aufzufordern, behufs Wahrung ihrer Rechte vor Ablauf der Frist diese Rechte schriftlich nach Maßgabe der Vorschriften des Abs. 2 anzumelden. Die Stelle, bei der die Anmeldung zu erfolgen hat, ist in der Bekanntmachung anzugeben.

Die Anmeldung muß die Angabe enthalten, welchem Staate der Inhaber der Aktie angehört und wann der Inhaber die Aktie erworben hat. Hat der Inhaber die Aktie nach dem 31. Juli 1914 erworben, so ist außerdem anzugeben, wer die Vorbesitzer der Aktie seit dem 1. August 1914 gewesen sind und welchem Staate sie angehören. Der Zeitpunkt des Erwerbes, die Staatsangehörigkeit des Inhabers und im Falle eines nach dem 31. Juli 1914 erfolgten Erwerbes auch die Staatsangehörigkeit der Vorbesitzer sind auf Verlangen nachzuweisen. Es kann gefordert werden, daß der Nachweis der Staatsangehörigkeit durch öffentliche Urkunden geführt wird.

§ 3. Gehören der Inhaber der Aktie und im Falle eines nach dem 31. Juli 1914 erfolgten Erwerbes die Vorbesitzer zu denjenigen Personen, auf welche die Vorschriften über zwangsweise Verwaltung oder Liquidation feindlicher Unternehmungen keine Anwendung finden, so ist dem Inhaber der Aktie nach ihrer Kraftloserklärung gegen Einreichung der alten Aktie die neue Aktie auszuhändigen. Über das Vorliegen dieser Voraussetzungen entscheidet die Landeszentralbehörde oder die von ihr bestimmte Stelle. Ob bei Aktienrechten, bei denen die Voraussetzungen nicht vorliegen, eine Aushändigung der neuen Aktienurkunde an den Inhaber der alten Aktie stattzufinden hat, oder wie sonst mit solchen Aktienrechten zu verfahren ist, entscheidet die Landeszentralbehörde oder die von ihr bestimmte Stelle nach Maßgabe der bestehenden Vergeltungsvorschriften und sonstigen gesetzlichen Bestimmungen.

An Stelle der Ausgabe neuer Aktien kann mit Genehmigung der Landeszentralbehörde oder der von ihr bestimmten Stelle eine Abstempelung der alten Aktien erfolgen.

§ 4. Die Vorschrift des § 3 Abs. 5 der Verordnung vom 31. Juli 1916 bleibt unberührt. Die Vorschrift des § 11 der genannten Verordnung über die Übertragung der Befugnisse des Reichskanzlers auf einen Reichskommissar findet auch in Ansehung der Befugnis Anwendung, die dem Reichskanzler durch die gegenwärtige Verordnung zugewiesen ist.

§ 5. Diese Verordnung tritt mit dem Tage der Verkündung in Kraft. Der Reichskanzler bestimmt, wann sie außer Kraft tritt.

4. Befreiung des Liquidators von Beschränkungen bei Veräußerung.

Bekanntmachung zur Ergänzung der Verordnung, betreffend Liquidation britischer Unternehmungen, vom 31. Juli 1916. (BRB.) Vom 12. Juli 1917 (RGBl. S. 603).

Art. 1. Dem § 3 der Verordnung, betreffend Liquidation britischer Unternehmungen, vom 31. Juli 1916 (RGBl. S. 871) wird der folgende Abs. 6 hinzugefügt:

> Der Reichskanzler kann den Liquidator von Beschränkungen befreien, die für die Veräußerung des der Liquidation unterstehenden Vermögens gelten. Er kann den Liquidator ermächtigen, bei der Veräußerung des Vermögens die Haftung des Erwerbers für die Verbindlichkeiten des bisherigen Inhabers durch Vereinbarung mit dem Erwerber in einer von den allgemeinen Vorschriften abweichenden Weise zu regeln.

Art. 2. Diese Verordnung tritt mit dem Tage der Verkündung in Kraft.

b) Ausdehnung auf andere Staaten.

1. Frankreich.

Bekanntmachung, betreffend Liquidation französischer Unternehmungen. (RKB.) Vom 14. März 1917 (RGBl. S. 227).

Auf Grund des § 12 Abs. 2 der Verordnung, betreffend Liquidation britischer Unternehmungen, vom 31. Juli 1916 (RGBl. S. 871) wird folgendes bestimmt:

Art. 1. Die Vorschriften der Verordnung, betreffend Liquidation britischer Unternehmungen, vom 31. Juli 1916 werden im Wege der Vergeltung auf Unternehmungen, deren Kapital überwiegend französischen Staatsangehörigen zusteht, oder die vom französischen Gebiet aus geleitet oder beaufsichtigt werden oder bis zum Kriegsausbruche geleitet oder beaufsichtigt wurden, sowie auf französische Beteiligungen an einem Unternehmen für anwendbar erklärt.

Art. 2. Diese Bekanntmachung tritt mit dem Tage der Verkündung in Kraft.

2. Rußland.

Bekanntmachung, betreffend Liquidation russischer Unternehmungen. (RKB.) Vom 22. September 1917 (RGBl. S. 876).

Wörtlich übereinstimmend mit der vorhergehenden Bekanntmachung vom 14. März 1917 nur mit der Maßgabe, daß jeweils für das Wort „französische" das Wort „russische" zu setzen ist.

VII. Gewerbliche Schutzrechte feindlicher Staatsangehöriger.

a) **Bekanntmachung über gewerbliche Schutzrechte feindlicher Staatsangehöriger.** (BRV.) Vom 1. Juli 1915 (RGBl. S. 414).

§ 1. Patentrechte, Gebrauchsmusterrechte und Warenzeichenrechte können, soweit sie Angehörigen feindlicher Staaten zustehen, durch Anordnungen des Reichskanzlers im öffentlichen Interesse beschränkt und aufgehoben werden. Insbesondere können anderen Ausübungs- und Nutzungsrechte erteilt werden.

Den Anordnungen kann rückwirkende Geltung beigelegt werden. Sie können jederzeit geändert und zurückgenommen werden.

§ 2. Auf Anmeldungen von Angehörigen feindlicher Staaten werden Patente nicht erteilt, Gebrauchsmuster oder

Warenzeichen nicht eingetragen. Im übrigen kann das Patentamt, soweit Angehörige feindlicher Staaten in Betracht kommen, Amtshandlungen, die ihm nach gesetzlichen Vorschriften obliegen, aussetzen und das Verfahren vorläufig einstellen; der Präsident des Patentamts kann Bestimmungen darüber erlassen.

§ 3. Die Anwendung dieser Verordnung wird nicht dadurch ausgeschlossen, daß die Rechte nach dem 31. Juli 1914 auf Angehörige anderer Staaten übertragen oder daß zur Verdeckung der Rechtsverhältnisse Angehörige anderer Staaten vorgeschoben sind.

§ 4. Den Angehörigen feindlicher Staaten stehen gleich die Angehörigen ihrer Kolonien und auswärtigen Besitzungen, Personen, die in den Gebieten dieser Staaten oder ihrer Kolonien und auswärtigen Besitzungen ihren Wohnsitz oder ihre Niederlassung haben, sowie juristische Personen, Gesellschaften und Unternehmungen, die in den bezeichneten Gebieten ihren Sitz haben oder von dort aus geleitet oder beaufsichtigt werden oder deren Erträgnisse ganz oder zum Teil dorthin abzuführen sind.

§ 5. Feindliche Staaten im Sinne dieser Verordnung sind England, Frankreich und Rußland.

§ 6. Die Wirkung von Patenten, die Angehörigen Rußlands zustehen, ist, unbeschadet der für Angehörige anderer als der feindlichen Staaten bestellten ausschließlichen Rechte zur Ausübung oder Nutzung, vom 11. März 1915 an als erloschen anzusehen. Rechte der bezeichneten Art sind bei dem Patentamt anzumelden und werden durch den Reichsanzeiger bekanntgemacht; die Wirkung des Rechtes erlischt, wenn es nicht spätestens am 30. September 1915 zur Kenntnis des Patentamts gebracht ist. Das Reich ist berechtigt, die für die Gewährung des Rechtes vereinbarte Gegenleistung zu fordern; die Zahlungen sind bei der Kasse des Patentamts zu leisten.

Die Wirkung der für Angehörige Rußlands bestellten Rechte zur Ausübung oder Nutzung von Patenten ist vom 11. März 1915 an als erloschen anzusehen.

Durch Patentanmeldungen, die nach dem 11. März 1915 bewirkt sind, können für Angehörige Rußlands keine Rechte begründet werden.

Diese Vorschriften (Abs. 1 bis 3) sind auf Gebrauchsmuster entsprechend anzuwenden.

§ 7. Der Reichskanzler erläßt die zur Ausführung dieser Verordnung erforderlichen Bestimmungen; er kann die im § 1 bezeichneten Befugnisse einer anderen Stelle übertragen.

Der Reichskanzler kann im Wege der Vergeltung diese Verordnung ganz oder teilweise auf die Angehörigen anderer als der im § 5 bezeichneten Staaten für anwendbar erklären.

§ 8. Diese Verordnung tritt mit dem Tage ihrer Verkündung in Kraft. Der Reichskanzler bestimmt, wann und inwieweit die Verordnung außer Kraft tritt.

Dazu: **Bestimmungen zur Ausführung obiger Verordnung.** (RKB.) Vom 2. Juli 1915 (RGBl. S. 417).

b) Ausnahme und Ausdehnung.

Die Verordnung ist

a) **außer Kraft gesetzt** in Ansehung der Gebiete des **Generalgouvernements Warschau** und des k. u. k. **Militärgouvernements Lublin** mit gewissen Vorbehalten durch Bekanntmachung des Reichskanzlers vom 25. Januar 1917 (RGBl. S. 73),

b) **ausgedehnt** auf

Portugal durch Bekanntmachung des Reichskanzlers vom 23. Juni 1916 (RGBl. S. 575),

Italien durch die Bekanntmachung des Reichskanzlers vom 9. Januar und 7. Mai 1917 (RGBl. S. 29, 403).

VIII. Treuhänder für das feindliche Vermögen.

Bekanntmachung über den Treuhänder für das feindliche Vermögen. (BRV.) Vom 19. April 1917 (RGBl. S. 363).

§ 1. Der Reichskanzler ernennt einen Treuhänder für das feindliche Vermögen.

§ 2. Der Treuhänder ist befugt, im Inland befindliche Vermögensgegenstände von Feinden unter Verwaltung zu nehmen, Unternehmungen, Niederlassungen und Grundstücke jedoch nur mit Zustimmung der Landeszentralbehörde. Die Entscheidung des Treuhänders, daß die Voraussetzungen für die Übernahme der Verwaltung durch ihn vorliegen, kann nur im Aufsichtsweg angefochten werden.

Soweit es sich um Vermögen handelt, das einer staatlichen Aufsicht oder Verwaltung oder einer Liquidation nach Maßgabe der Verordnungen vom 4. September[1]), 15. Oktober[2]) und 26. November[3]) 1914, vom 10. Februar[4]) und 31. Juli 1916[5]) (RGBl. für 1914 S. 397, 438, 487; für 1916 S. 89, 871) untersteht, erstreckt sich die Befugnis des Treuhänders nur auf solche Gegenstände, die ihm aus diesem Vermögen überwiesen werden. Bei Unternehmungen, die nach Maßgabe der Verordnung vom 4. September 1914 unter Aufsicht stehen, sind die Aufsichtspersonen befugt, die Überweisung von Geldern oder Wertpapieren, die für die Fortführung des Betriebs nicht erforderlich sind, an den Treuhänder anzuordnen.

§ 3. Die für die Hinterlegung bei der Reichsbank geltenden Vorschriften

des § 4 Abs. 2 der Verordnung, betreffend die Überwachung ausländischer Unternehmungen, vom 4. September 1914 (RGBl. S. 397)[6]),

---

[1]) Siehe oben S. 150.

[2]) Betr. Behandlung feindlicher Zollgüter.

[3]) Siehe oben S. 152.

[4]) Siehe oben S. 155.

[5]) Siehe oben S. 164.

[6]) Siehe oben S. 150.

des § 3 der Verordnung, betreffend Zahlungsverbot gegen England, vom 30. September 1914 (RGBl. S. 421)[1])
und
des § 5 Abs. 2 Satz 1 der Verordnung, betreffend die zwangsweise Verwaltung französischer Unternehmungen, vom 26. November 1914 (RGBl. S. 487)[2])
werden dahin geändert, daß an die Stelle der Hinterlegung bei der Reichsbank die Abführung an den Treuhänder tritt.

Soweit vor dem Inkrafttreten dieser Verordnung auf Grund der im Abs. 1 angeführten Vorschriften eine Hinterlegung bei der Reichsbank erfolgt ist, kann der Treuhänder die hinterlegten Beträge und Wertpapiere an Stelle der Reichsbank in Verwaltung nehmen.

§ 4. Auf die Verwaltung des Treuhänders finden die Vorschriften des § 2, des § 5 Abs. 1 und des § 6 der Verordnung vom 26. November 1914[2]) (RGBl. S. 487) sowie die Vorschriften des Art. 1 der ergänzenden Verordnung vom 24. Juni 1915[3]) (RGBl. S. 351) entsprechende Anwendung. Der Reichskanzler tritt an die Stelle der Landeszentralbehörde. Ein Anspruch gegen den Feind kann gegen den Treuhänder, wenn diesem auf Grund des § 2 der Verordnung vom 26. Oktober 1914 die Vertretung des Feindes zusteht, nur mit seiner Zustimmung gerichtlich geltend gemacht werden.

Auf Verlangen des Treuhänders ist jedermann verpflichtet, über das Vermögen von Feinden Auskunft zu erteilen.

§ 5. Der § 8 der Verordnung über die Anmeldung des im Inland befindlichen Vermögens von Angehörigen feindlicher Staaten vom 7. Oktober 1915[4]) (RGBl. S. 633) wird dahin geändert, daß an die Stelle der zur Veräußerung, Abtretung oder Belastung solchen Vermögens erforderlichen Genehmigung des Reichskanzlers die Genehmigung des Treuhänders tritt. Ebenso gehen die im § 10 der genannten Ver-

---

1) Siehe oben S. 132.
2) Siehe oben S. 152.
3) Siehe oben S. 152.
4) Siehe oben S. 156.

ordnung in bezug auf die Abführung nach dem Ausland dem Reichskanzler übertragenen Befugnisse auf den Treuhänder über.

Soweit Zwangsvollstreckungen, Arreste oder einstweilige Verfügungen gegen das vom Treuhänder in Verwaltung genommene Vermögen nach der Erklärung des Kriegszustandes gegenüber dem im einzelnen Falle in Betracht kommenden Staate erfolgt sind, kann der Treuhänder die Aufhebung verlangen.

Zwangsvollstreckungen, Arreste, einstweilige Verfügungen und Konkursanträge gegen das vom Treuhänder in Verwaltung genommene Vermögen können in allen Fällen nur mit seiner Genehmigung erfolgen.

§ 6. Der Treuhänder kann ungeachtet des § 2 der Verordnung vom 30. September 1914 (RGBl. S. 421)[1]) die Erfüllung der von ihm in Verwaltung genommenen Ansprüche fordern; die Stundung endet mit dem Ablauf eines Monats nach der Aufforderung zur Leistung.

Endet bei einem Wechsel, bei welchem durch die Stundung gemäß § 4 der Verordnung vom 30. September 1914 die Protesterhebung hinausgeschoben ist, die Stundung auf Grund der Vorschrift des Abs. 1, so bleiben gleichwohl die Protesterhebung und der Rückgriff aus dem Wechsel bis auf weiteres ausgeschlossen. Diese Vorschrift findet auf Schecks entsprechende Anwendung.

§ 7. Auf Geldforderungen, die fällig sein würden, falls die im § 2 der Verordnung vom 30. September 1914 vorgesehene Stundung nicht bestände, sind für die Zeit vom 1. April 1917 an Zinsen in Höhe des für Verzugszinsen geltenden Satzes an den Treuhänder zu entrichten. Zinsen von Zinsen sind auf Grund dieser Vorschrift nicht zu entrichten.

Bei Geldforderungen, die noch nicht fällig, aber nach Gesetz oder Vertrag schon vor der Fälligkeit zu verzinsen sind,

---

[1]) Siehe oben S. 132.

hat der Schuldner gleichfalls die für die Zeit vom 1. April 1917 ab laufenden Zinsen an den Treuhänder zu entrichten.

Der Reichskanzler bestimmt, an welchen Terminen die Zinsen zu entrichten sind. Er kann auch über die Höhe der zu entrichtenden Zinsen besondere Bestimmungen treffen und Ausnahmen zulassen.

Die in den Abs. 1, 2 bezeichneten Verpflichtungen treten ein, auch wenn der Treuhänder den Anspruch nicht unter Verwaltung genommen hat und ohne daß es einer Aufforderung des Treuhänders bedarf. In den Fällen des Abs. 1 tritt die Verpflichtung ohne Rücksicht auf Pfändungen oder Verpfändungen des gestundeten Anspruchs ein.

Auf Forderungen aus Wechseln oder Schecks finden die Vorschriften der Abs. 1 bis 3 keine Anwendung.

§ 8. Wer die von dem Treuhänder auf Grund des § 4 Abs. 2 erforderte Auskunft nicht erteilt oder wissentlich unwahre Angaben macht, wird mit Geldstrafe bis zu eintausendfünfhundert Mark oder mit Gefängnis bis zu drei Monaten bestraft.

Die Verfolgung tritt nur auf Antrag des Treuhänders ein.

§ 9. Der Reichskanzler kann Ausführungsvorschriften erlassen.

§ 10. Die Verordnung tritt mit dem 1. Mai 1917 in Kraft. Der Reichskanzler bestimmt, wann sie außer Kraft tritt.

Bekanntmachung, betreffend Ausnahmebewilligung von den Zahlungsverboten gegen das feindliche Ausland. (RKB.) Vom 4. August 1917 (Reichsanzeiger vom 10. August 1917).

Die dem Reichskanzler auf Grund des § 7 der Verordnung, betreffend Zahlungsverbot gegen England, vom 30. September 1914 (RGBl. S. 421) und des Art. 3 der Verordnung, betreffend die Stundungsvorschriften der Zahlungsverbote gegen das feindliche Ausland, vom 17. Januar 1917 (RGBl. S. 51) zustehenden Befugnisse der Bewilligung von Ausnahmen von den Vorschriften dieser Verordnungen habe ich auf den Treuhänder für das feindliche Vermögen übertragen. Gesuche um Bewilligung von Ausnahmen von den genannten Vorschriften sind an den Treuhänder für das feindliche Vermögen, Berlin W 10, Mohrenstraße 34/35, zu richten.

IX. Maßnahmen gegen landesflüchtige Personen.

Bekanntmachung, betreffend Sperre und Anmeldung des Vermögens von landesflüchtigen Personen. (BRV.) Vom 23. März 1916 (RGBl. S. 185).

Art. 1. Die Vorschriften der Verordnung über die Anmeldung des im Inland befindlichen Vermögens von Angehörigen feindlicher Staaten vom 7. Oktober 1915 (RGBl. S. 633) finden auf das Vermögen von Personen, die auf Grund des § 27 Abs. 1 des Reichs- und Staatsangehörigkeitsgesetzes vom 22. Juli 1913 (RGBl. S. 583) der deutschen Staatsangehörigkeit verlustig erklärt worden sind, mit der Maßgabe entsprechende Anwendung, daß die Landeszentralbehörden bestimmen, ob und nach welchen Vorschriften das Vermögen anzumelden ist.

Die Landeszentralbehörden können in Einzelfällen die Vorschriften des Abs. 1 auch auf das Vermögen im Ausland sich aufhaltender Deutschen für anwendbar erklären, welche einer vom Kaiser angeordneten Aufforderung zur Rückkehr keine Folge geleistet haben. Die Anordnung kann zurückgenommen werden.

Art. 2. Diese Verordnung tritt mit dem Tage der Verkündung in Kraft.

Soweit in der Verordnung vom 7. Oktober 1915 auf den Zeitpunkt ihres Inkrafttretens verwiesen wird, tritt der Zeitpunkt des Inkrafttretens dieser Verordnung an die Stelle.

Bekanntmachung über zwangsweise Verwaltung und Liquidation des inländischen Vermögens landesflüchtiger Personen. (BRV.) Vom 12. Juli 1917 (RGBl. S. 603).

Art. 1. Die Vorschriften der Verordnungen über die zwangsweise Verwaltung französischer Unternehmungen vom 26. November 1914, 24. Juni 1915, 10. Februar und 24. August 1916 (RGBl. 1914 S. 487; 1915 S. 351; 1916 S. 89, 961) sowie die Verordnungen über die Liquidation britischer Unternehmungen vom 31. Juli 1916, 18. Januar und 12. Juli 1917 (RGBl. 1916 S. 871; 1917 S. 65, 603) werden auf das Vermögen solcher Personen für anwendbar erklärt, die auf Grund des § 27 Abs. 1 des Reichs- und Staatsangehörigkeitsgesetzes vom 22. Juli 1913 (RGBl. S. 583) der deutschen Staatsangehörigkeit verlustig erklärt worden sind.

Art. 2. Diese Verordnung tritt mit dem Tage der Verkündung in Kraft.

Anhang.

Zu C III c.

Bekanntmachung, betreffend die Fristen des Wechsel- und Scheckrechts für Elsaß-Lothringen. (BRV.) Vom 20. Dezember 1917. (RGBl. S. 1114.)

Die Fristen für die Vornahme einer Handlung, deren es zur Ausübung oder Erhaltung des Wechselrechts oder des Regreßrechts aus dem Scheck bedarf, werden, soweit sie nicht am 31. Juli 1914 abgelaufen waren, für die in Elsaß-Lothringen zahlbaren Wechsel oder Schecks in der Weise verlängert, daß sie mit dem 31. Mai 1918 ablaufen, sofern sich nicht aus anderen Vorschriften ein späterer Ablauf ergibt.

Diese Vorschrift findet keine Anwendung auf die Frist, innerhalb deren nach den gesetzlichen Vorschriften der Regreßpflichtige von der Nichtzahlung des Wechsels oder Schecks zu benachrichtigen ist.

Bei Wechseln, bei denen die Frist zur Erhebung des Protestes mangels Zahlung nach Abs. 1 verlängert ist, verjährt der wechselmäßige Anspruch gegen den Akzeptanten oder, soweit es sich um eigene Wechsel handelt, gegen den Aussteller frühestens am 31. Mai 1919.

Zu D V b 4.

Bekanntmachung über Lohnpfändung. (BRV.) Vom 13. Dezember 1917 (RGBl. S. 1102).

§ 1. Der Arbeits- oder Dienstlohn (§ 1 des Gesetzes vom 21. Juni 1869, Bundes-Gesetzbl. 1869 S. 242 und 1871 S. 63, Reichs-Gesetzbl. 1897 S. 159, 1898 S. 332), ist, soweit er die Summe von zweitausend Mark für das Jahr übersteigt, zu einem Zehntel des Mehrbetrags der Pfändung nicht unterworfen. Hat der Schuldner seinem Ehegatten oder ehelichen Abkömmlingen, die das sechzehnte Lebensjahr nicht vollendet haben, Unterhalt zu gewähren, so erhöht sich der unpfändbare Teil des Mehrbetrags für jeden dieser Unterhaltsberechtigten um ein weiteres Zehntel, höchstens jedoch auf fünf Zehntel des Mehrbetrags. Die Vorschriften des Gesetzes vom 21. Juni 1869 finden entsprechende Anwendung.

Soweit im Falle des Abs. 1 Satz 1 der unpfändbare Teil des Lohnes den Betrag von zweitausendfünfhundert Mark, im Falle des § 1 Satz 2 den Betrag von dreitausendsechshundert Mark übersteigen würde, unterliegt die Pfändung keinen Beschränkungen.

§ 2. Ändern sich die Verhältnisse, die nach § 1 Abs. 1 für die Bestimmung des unpfändbaren Teiles des Lohnes maßgebend sind, so erweitert oder beschränkt sich die Pfändung nach Maßgabe der eingetretenen Änderung von dem auf deren Eintritt nächstfolgenden Zeitpunkt ab, an welchem der Lohn fällig wird. Auf Antrag des Gläubigers oder des Schuldners hat die Behörde, welche die Pfändung bewirkt hat, den Pfändungsbeschluß entsprechend zu berichtigen. Der Drittschuldner kann, solange ihm eine Berichtigung nicht zugestellt ist, nach

Maßgabe der bisherigen Pfändung mit befreiender Wirkung leisten.

§ 3. Auf die Pfändung des Ruhegeldes der Personen, die in einem privaten Arbeits- oder Dienstverhältnisse beschäftigt gewesen sind, finden die Vorschriften der §§ 1, 2 entsprechende Anwendung.

§ 4. Gesetzliche Vorschriften, die über die Pfändung des Ruhegeldes der im § 3 bezeichneten Art abweichende Bestimmungen treffen, bleiben unberührt.

§ 5. Diese Verordnung tritt am 20. Dezember 1917 in Kraft. Der Reichskanzler bestimmt, wann und in welchem Umfang sie außer Kraft tritt.

Soweit mit dem Inkrafttreten der Verordnung eine Erweiterung des der Pfändung nicht unterworfenen Teiles des Lohnes oder Ruhegeldes eintritt, finden die Vorschriften des § 2 entsprechende Anwendung. Eine vor dem Inkrafttreten der Verordnung erfolgte Aufrechnung, Abtretung oder Verpfändung verliert ihre Wirksamkeit, soweit sie bei Anwendung der Verordnung unwirksam sein würde.

Zu F I a.

Bekanntmachung über die Geltendmachung von Ansprüchen von Personen, die im Ausland ihren Wohnsitz haben. (BRV.) Vom 20. Dezember 1917 (RGBl. S. 1114).

Die Wirksamkeit der Bekanntmachungen über die Geltendmachung von Ansprüchen von Personen, die im Ausland ihren Wohnsitz haben, vom 7. August und 22. Oktober 1914, 21. Januar, 22. April, 22. Juli und 21. Oktober 1915, 6. Januar, 13. April, 13. Juli und 5. Oktober 1916, 4. Januar, 26. März, 28. Juni und 20. September 1917 (Reichs-Gesetzbl. für 1914 S. 360, 449; für 1915, S. 31, 236, 451, 679; für 1916 S. 1, 273, 694, 1132; für 1917 S. 5, 277, 566, 854) wird in der Weise ausgedehnt, daß an die Stelle des 31. Januar 1918 der 31. Mai 1918 tritt.

Zu F IV c.

Bekanntmachung, betreffend zwangsweise Verwaltung amerikanischer Unternehmungen (RKB.). Vom 13. Dezember 1917 (RGBl. S. 1105).

Im Wege der Vergeltung wird auf Grund des § 9 der Verordnung, betreffend die zwangsweise Verwaltung französischer Unternehmungen vom 26. November 1914 (RGBl. S. 487) folgendes bestimmt:

Die Vorschriften der Verordnung, betreffend die zwangsweise Verwaltung französischer Unternehmungen, vom 26. November 1914 in der Fassung der Verordnung vom 10. Februar 1916 (RGBl. S. 89) werden auch gegenüber Angehörigen der Vereinigten Staaten von Amerika für anwendbar erklärt.

Diese Bekanntmachung tritt mit dem Tage der Verkündung in Kraft.

Sachregister.

(Die Zahlen verweisen auf die Seiten.)

A.

E.

F.

T.

U.

V.

W.

Z.

Druck von A. W. Hayn's Erben (Curt Gerber), Potsdam.

März 1918

Die Guttentagsche Sammlung

Deutscher Reichsgesetze
und
Preußischer Gesetze

Textausgaben mit Anmerkungen
und Sachregister — Taschenformat
— Gebunden in ganz Leinen —

enthält alle wichtigeren Gesetze in absolut zuverlässigen Gesetzestexten und in mustergültiger, gemeinverständlicher Weise erläutert

Das am Schluß befindliche Schlagwortregister wird geneigter Beachtung empfohlen

Sämtliche in dem Verzeichnis aufgeführten bis Ende 1916 ausgegebenen Werke sind mit einem Teuerungszuschlag von 25% belastet

J. Guttentag,
Verlagsbuchhandlung, G. m. b. H.
Berlin W 10, Genthiner Str. 38

Guttentagsche Sammlung
Deutscher Reichsgesetze.

Text-Ausgaben mit Anmerkungen. Taschenformat.

Nr. 1. **Verfassung des Deutschen Reichs.** Von Dr **L. von Rönne. 10. Aufl.** von Landrat **P. v. Rönne** und Reg.Assessor **v. Dobbeler. — 1912.** 3,— M

Nr. 2. **Strafgesetzbuch** für das Deutsche Reich nebst 20 der wichtigsten strafrechtl. Nebengesetze. Von Prof. Dr **Fr. v. Liszt** und Prof. Dr **E. Delaquis. 24. Aufl. — 1914.** 3,40 M

Nr. 3. **Militärstrafgerichtsordnung** nebst Einführungsgesetz. Von Wirkl. Geh. Kriegsrat Dr **A. Romen** und Kriegsgerichtsrat Dr **C. Rissom. — 1918. 2. Aufl.** ca. 15,— M

Nr. 4. **Handelsgesetzbuch vom 10. Mai 1897** unter Ausschluß des Seerechts. **15. Aufl.** Herausgegeben von Geh. J.Rat Prof. Dr **A. Mosse. 8°. — 1915.** 6,50 M

Nr. 5. **Wechselordnung vom 3. Juni 1908. Kommentar** von Justizrat Dr **J. Stranz** und Rechtsanwalt Dr **M. Stranz**, und das **Wechselstempelgesetz vom 15. Juli 1909** von Geh. Reg.Rat **P. Loeck. 11. Aufl. — 1913.** 4,50 M

Nr. 5a. **Wechselstempelgesetz** apart. **11. Aufl. — 1913.** 1,80 M

Nr. 6. **Reichsgewerbeordnung** nebst Ausführungsbestimmungen. **19. Aufl.** von Stadtrat Dr **K. Flesch**, Dr **Fr. Hiller** und Dr **H. Luppe. — 1915.** 5,50 M

Nr. 7. **Post- und Telegraphen-Gesetzgebung.** Nebst Weltpostvertrag und Internationalem Telegraphenvertrag. **6. Aufl.** von Geh. Ob.Postrat Dr **M. König. — 1908.** 4,50 M

Nr. 8. Die Reichsgesetze über den **Unterstützungswohnsitz, Freizügigkeit, Reichs- und Staatsangehörigkeit.** Von Geh.Rat Dr **J. Krech. 8. Aufl. — 1913.** 4,— M

Nr. **9.** Sammlung **kleinerer strafrechtlicher Reichsgesetze.** Von Prof. Dr **R. H. Kriegsmann.** **3. Aufl. — 1910.** 4,50 *M*

Nr. **10.** Das **Reichsbeamtengesetz** vom 31. März 1873. Von **J. Pieper. — 2. Aufl. 1901.** 5,— *M*
Reichsbeamtengesetz von **1907,** siehe Nr. **82.**

Nr. **11. Zivilprozeßordnung mit Gerichtsverfassungsgesetz.** Von **R. Sydow.** Fortgeführt von Reichs-G.Rat **L. Busch. 14. Aufl.** mit Nachtrag, Novellen vom 9. Sept. 1915 u. 18. Mai 1916. **8°. — 1913.** 9,— *M*

Nr. **12. Strafprozeßordnung und Gerichtsverfassungsgesetz** nebst den Gesetzen, betr. die Entschädigung der im Wiederaufnahmeverfahren freigesprochenen Personen und die Entschädigung für unschuldig erlittene Untersuchungshaft. Von Reichs-G.Rat Dr **A. Hellweg. 16. Aufl.,** bearbeitet von Prof. Dr **Kohlrausch.** Mit Nachtrag, enth. die Bekanntmachung über die Entlastung der Strafgerichte. — **1912.** 3,40 *M*

Nr. **13. Konkursordnung und Anfechtungsgesetz.** Von **R. Sydow.** Fortgeführt von **L. Busch. 12. Aufl. — 1916.** 4,20 *M*

Nr. **14. Gerichtsverfassungsgesetz** mit Einführungsgesetz. Herausgegeben von **R. Sydow.** Fortgeführt von **L. Busch. 9. Aufl. — 1905.** 1,80 *M*

Nr. **15. Das Deutsche Gerichtskostengesetz** nebst den Gebührenordnungen für Gerichtsvollzieher, Zeugen und Sachverständige. Von **R. Sydow.** Bearbeitet von **L.** und **A. Busch. 9. Aufl.** mit Nachtrag, enth. die Novelle vom 10. Juni 1914. **1912.** 3,— *M*

Nr. **16. Rechtsanwaltsordnung.** Von **R. Sydow. 5. Aufl.** von Justizrat **M. Jacobsohn.** Mit Nachtrag, enth. die Bestimmungen vom 22. Mai 1910. — **1907.** 1,50 *M*

Nr. **17. Die Deutsche Gebührenordnung für Rechtsanwälte und das Preußische Gebührengesetz** vom 27. IX. / 6. X. 1899.

Von **R. Sydow.** Fortgeführt von **L.** und **A. Busch. 11. Aufl.** Mit Nachtrag, enth. die Bestimmungen vom 8. Nov. 1916. — **1914.** 3,40 *M*

Nr. **18. Reichsstempelgesetz** vom 3. Juli 1913. (Börsen-, Lotterie-, Frachturkunden-, Fahrkarten-, Kraftfahrzeug-, Tantieme-, Scheck- und Grundstücksübertragungssteuer.) Mit den gesamten Ausführungsbestimmungen. **12. Aufl.** von Geh. Reg.-Rat **P. Loeck,** mit Nachtrag, enth. das **Frachturkunden-** und **Warenumsatzstempelgesetz** vom 17. und 26. Juni 1916. — **1914. 8°.** 10,— *M*

Nachtrag: **Frachturkunden-** und **Warenumsatzstempel** einzeln 1,50 *M*

Nr. **19.** Die **Seegesetzgebung.** Von Dr **W. E. Knitschky. 5. Aufl.** bearbeitet von Ober-L.G.Rat **O. Rudorff.** — **1913.** 8,50 *M*

Nr. **20. Krankenversicherungsgesetz (1883).** Von weil. Dr **E. von Woedtke.** — Neue Fassung **(1911)**, siehe **Nr. 107.**

Nr. **21.** Die **Konsulargesetzgebung.** Von Prof. Dr **Ph. Zorn. 3. Aufl.** von Dr **A. Zorn.** — **1911.** 5,— *M*

Nr. **22. Patentgesetz.** Nebst Ausführungsbestimmungen, völkerrechtlichen Verträgen und der Patentanwalts-Ordnung. **7. Aufl.** bearbeitet von **R. Lutter,** Geh. Reg.Rat im Kaiserl. Patentamt. — **1908.** 3,20 *M*

Nr. **23. Gewerbe-Unfallversicherungsgesetz. (1884.)** Von weil. Dr **E. v. Woedtke.** — Neue Fassung **(1911)**, siehe **Nr. 108.**

Nr. **24. Aktiengesellschaft und Kommanditgesellschaften auf Aktien.** Von Dr **H. Keyßner** und Dr **H. Veit Simon. 6. Aufl.** von Amtsrichter **L. Keyßner.** — **1911.** 3,40 *M*

Nr. **25. Brausteuergesetz** vom 15. Juli 1909. Von Oberzollrevisor **A. Düffe. 2. Aufl.** — **1910.** 3,40 *M*

Nr. **26.** Die **Reichsgesetzgebung über Münz- und Notenbankwesen, Papiergeld, Prämienpapiere** und **Reichsschulden.** Von Dr **R. Koch. 6. Aufl.** — **1910.** 4,50 *M*

Nr. **27. Gesundheitswesen im Deutschen Reich.** Von Dr jur. **C. Goesch** und Dr med. **J. Karsten. — 1888.** 2,— *M*

Nr. 28. Bau-Unfallversicherungsgesetz. Vom 30. Juni 1900. Von **R. Chrzescinski.** Neue Fassung **(1911)**, siehe Nr. **108.**

Nr. **29. Erwerbs- und Wirtschaftsgenossenschaften.** Von **L. Parisius** und Dr **H. Crüger. 15. neu bearbeitete Aufl.** von Dr **H. Crüger. — 1916.** 3,— *M*

Nr. **30. Invalidenversicherungsgesetz** (1899). Von weil. Dr **E. v. Woedtke.** Neue Fassung **(1911)**, siehe Nr. **109.**

Nr. **31. Gewerbegerichtsgesetz.** Von Stadtrat **L. Mugdan. 7. Aufl.** bearbeitet von Oberbürgermeister **W. Cuno. — 1911.** 2,80 *M*

Nr. **32.** Reichsgesetz, betr. die **Gesellschaften mit beschränkter Haftung.** Von **L. Parisius** und Dr **H. Crüger. 13. Aufl.** von Dr **H. Crüger. — 1914.** 2,40 *M*

Nr. **33. Vereins- und Versammlungsrecht.** Von Dr **E. Ball. 2. Aufl.** von Dr **F. Friedenthal. — 1907.** 2,80 *M*

Reichs-Vereinsgesetz vom 19. April 1908, siehe Nr. **88.**

Nr. **34.** Die **Abzahlungsgeschäfte.** Gesetz vom 16. Mai 1894. **3. Aufl.** von Land-G.Rat Dr **E. Wilke. — 1910.** 1,60 *M*

Nr. **35.** Die **Reichs-Eisenbahngesetzgebung.** Von Kaiserl. Amtsrichter **W. Coermann. — 1895.** 2,60 *M*. S. auch Nr. **66.**

Nr. **36.** Gesetze, betr. die **privatrechtlichen Verhältnisse der Binnenschiffahrt und der Flößerei.** Von Geh. J.Rat **E. Löwe. 5. Aufl. — 1915.** 4,— *M*

Nr. **37.** Gesetz gegen den **unlauteren Wettbewerb.** Von Justizrat **A. Pinner. 6. Aufl. — 1912.** 1,80 *M*

Nr. **38/39. Bürgerliches Gesetzbuch nebst Einführungsgesetz** von Dr **A. Achilles.** In Verbindung mit Prof. Dr **André,** Kammer-G.Rat **Ritgen,** Reichs-G.Rat Dr **Strecker,** Staatsrat Dr **v. Unzner.** Herausgegeben von Wirkl. Geh. Ob.J.Rat u. Ober-L.G.Präsident **Greiff. 8.** vermehrte **Aufl. 8°. — 1916.** 10,— *M*

Nr. **40.** Gesetz, betr. die **Pflichten der Kaufleute bei Aufbewahrung fremder Wertpapiere [Depotgesetz].** Von Min.-Dir. **F. Lusensky. 3. Aufl. — 1916.** 2,50 *M*

Nr. **41. Börsengesetz.** Von Wirkl. Geh.Ob.Reg.Rat **Th. Hemptenmacher. 3. Aufl.** von Syndikus **O. Meyer. — 1915.** 4,— *M*

Nr. **42. Grundbuchordnung** nebst den preuß. Ausf.-Bestimmungen. Von Prof. Dr **O. Fischer. 6. Aufl.** mit Nachtrag, enth. die Ergänzungen. **— 1913.** 2,25 *M*

Nr. **43. Zwangsvollstreckung in das unbewegliche Vermögen** im Reiche und in Preußen. Kosten- und Gebührentabellen. Von Dr **J. Krech** u. Dr **O. Fischer. 8. Aufl.** bearbeitet von Prof. Dr **O. Fischer. — 1916.** 3,— *M*

Nr. **44.** Das Reichsgesetz über das **Auswanderungswesen.** Von Prof. Dr **F. Stoerk. — 1899.** 2,50 *M*

Nr. **45.** Das **Entmündigungsrecht** mit den für Preußen geltenden Vorschriften nebst Just.-Min.-Verfügung vom **28.** Nov. 1899. Von Land-G.Rat Dr **P. Koll. — 1900.** 1,80 *M*

Nr. **46.** Die Gesetze des Reiches und Preußens über die **freiwillige Gerichtsbarkeit.** Von Amts-G.Rat **H. Jastrow. 5. Aufl. — 1911.** 4,— *M*

Nr. **47.** Das **deutsche Vormundschaftsrecht** und das preuß. Gesetz über die Fürsorgeerziehung Minderjähriger nebst den dazu gehörigen preuß. Nebengesetzen. Von Ober-Verw.G.Rat **M. Schultzenstein** u. Amts-G.Rat Dr **P. Köhne. 2. Aufl. — 1901.** 3,40 *M*

Nr. 48. Gesetze, betr. den **Drogen-, Gift- und Farbenhandel** außerhalb der Apotheken. Von Dr **J. Broh.** — **1899.** 1,50 *M*

Nr. 49. Deutsche **Kolonialgesetzgebung.** Von Geh. J.Rat Prof. Dr **Ph. Zorn. 2. Aufl.** von G.Assessor Dr **Sassen.** — **1913.** 8,— *M*

Nr. 50. Der **Viehkauf [Viehgewährschaft] nach dem BGB.** Verordnung betr. die Hauptmängel und Gewährsfristen beim Viehhandel. Von Rechtsanwalt Dr **H. Stölzle** und Königl. Reg.- u. Vet.Rat **H. Weiskopf. 5. Aufl.** — **1913.** 6,50 *M*

Nr. 51. **Hypothekenbankgesetz** vom 13. Juli 1899. Von Dr **H. Göppert. 2. Aufl.** bearbeitet von Geh. Reg.Rat Dr **Seidel. 1911.** — 2,60 *M*

Nr. 52. Gesetz, betr. die gemeinsamen **Rechte der Besitzer von Schuldverschreibungen.** Von Dr **H. Göppert. 2. Aufl.** bearbeitet von Amtsrichter Dr **E. Trendelenburg.** — **1915.** 2,— *M*

Nr. 53. **Reichspreßgesetz** vom 7. Mai 1874. Mit Kommentar von Bürgermeister **A. Born. 2. Aufl.** — **1911.** 2,40 *M*

Nr. 54. Die Reichsgesetzgebung über den Verkehr mit **Nahrungsmitteln, Genußmitteln** und **Gebrauchsgegenständen.** Von Dr **G. Lebbin,** Nahrungsmittelchemiker in Berlin. — **1900.** 2,50 *M*

Nr. 55. Das Recht der **Beschlagnahme von Lohn- und Gehaltsforderungen.** Von Justizrat **G. Meyer. 5. Aufl.** — **1914.** 3,— *M*

Nr. 56. Gesetz, betr. die **Bekämpfung gemeingefährlicher Krankheiten.** Nebst Ausf.-Bestimmungen. Von Reg.Rat Dr **B. Burkhardt.** — **1900.** 1,60 *M*

Nr. 57. **See-Unfallversicherungsgesetz (1887).** Von Ober-L.G.Rat Dr **M. Mittelstein.** — Neue Fassung **1911**, siehe Nr. **108.**

Nr. **58. Das Recht der unehelichen Kinder nach dem BGB.** Von Amtsgerichtsrat. **H. Jastrow. — 1901.** 2,— M

Nr. **59.** Reichsgesetz über die **Beurkundung des Personenstandes und die Eheschließung.** Von Amts-G.Rat Dr **F. Fidler. 2. Aufl. — 1912.** 2,80 M

Nr. **60.** Gesetz, betr. das **Urheberrecht an Werken der Literatur und der Tonkunst.** Von Geh. Ob.J.Rat **D. Lindemann. 3. Aufl. — 1910.** 1,80 M

Nr. **61.** Gesetz über das **Verlagsrecht.** Von Rechtsanwalt Dr **B. Marwitz. 2. Aufl. — 1911.** 2,— M

Nr. **62.** Gesetz über **private Versicherungsunternehmungen.** Von Reichs-G.Rat **H. Könige. 2. Aufl. — 1910.** 4,50 M

Nr. **63. Gesetzestafel des Deutschen Reichsrechts.** Systematisch geordnete Nachweisung des z. Z. geltenden Reichsrechts. Von **H. Bruhns. 2. Aufl. — 1913.** 4,— M

Nr. **64.** Gesetzsammlung betr. den **Handel mit Drogen und Giften.** Mit Anhang: landesgesetzliche Verordnungen sämtlicher Bundesstaaten. Von Rechtsanwalt **H. Sonnenfeld,** Syndikus der Berliner Drogisten-Innung. **2. Aufl. — 1912.** 4,50 M

Nr. **65.** Das **Weingesetz** in der Fassung von 1909. Mit Ausf.-Bestimmungen von Dr **G. Lebbin,** Nahrungsmittelchemiker. **2. Aufl. — 1909.** 2,80 M

Nr. **66.** Die **Eisenbahn-Gesetzgebung.** Von **W. Pietsch,** Rechn.Rat im Reichseisenbahnamt. **2. Aufl. — 1913.** 4,— M

Nr. **67. Militär-Strafgesetzbuch für das Deutsche Reich.** Von Wirkl. Geh. Kriegsrat Dr **A. Romen** und Kriegsgerichtsrat Dr **C. Rissom. 3. Aufl. — 1918.** 14,50 M
— — Feldausgabe in 2 Bänden, gebunden 15,— M

Nr. **68.** Das **Fleischbeschaugesetz.** Vom 3. Juni 1900. Von Dr **G. Lebbin** u. Dr **G. Baum. — 1903.** 4,50 M

Nr. **69.** Reichsgesetz über die **Naturalleistungen der bewaffneten Macht im Frieden** nebst den preußischen Bestimmungen. Von Dr **W. v. Hippel. — 1903.** 1,60 *M*

Nr. **70.** Das **Reichs-Haftpflichtgesetz** vom 7. Juni **1871.** Von Reg.Rat Dr **G. Eger. — 1903.** Vergriffen.

Nr. **71.** Gesetz betr. **Kinderarbeit in gewerblichen Betrieben** vom 30. März 1903. Von Ober-Verw.G.Rat **H. Spangenberg. 2. Aufl. — 1904.** 1,80 *M*

Nr. **72. Unfallversicherungsgesetz für Land- und Forstwirtschaft.** (1886). Von weil. Dr **E. v. Woedtke.** Siehe Nr. **108.**

Nr. **73. Entschädigung für unschuldig erlittene Verhaftung und Bestrafung.** Anhang: Nebengesetze über Schadensersatz. Von Wirkl. Geh. Kriegsrat Dr **A. Romen. — 1904.** 2,40 *M*

Nr. **74.** Die **Kaufmannsgerichte** nebst Ausf.-Bestimmungen. Von Prof. Dr **M. Apt. 3. Aufl. — 1904.** 2,40 *M*
Siehe auch Nr. **112.**

Nr. **75.** Reichsgesetz über die **Konsulargerichtsbarkeit.** Von Rechtsanwalt Dr **A. F. Vorwerk,** Schanghei. **2. Ausgabe,** mit den Schutzgebietsgesetzen. — **1908.** 2,40 *M*

Nr. **76. Die Rechtshilfe im Verkehr mit den ordentlichen Gerichten** nach deutschem Reichsrecht. Von Landrichter Dr **A. Friedländer. — 1906.** 2,— *M*

Nr. **77. Das Reichserbschaftssteuergesetz.** Vom 3. Juni 1906. Von **U. Hoffmann. 3. Aufl.** in Vorbereitung.

Nr. **78. Zigarettensteuergesetz.** Vom 3. Juni 1906. Von Reg.Assessor Dr **Cuno.**

Nr. **79. Die Militärpensionsgesetze** vom 31. Mai **1906 nebst** Ausf.-Bestimmungen. Zum Gebrauch für **Heer,** Marine und Schutztruppe von Wirkl. Geh. Kriegsrat Dr **A. Romen**

a) I. Teil: **Offizierpensionsgesetz. — 1907.** 3,80 ℳ

b) II. Teil: **Mannschaftsversorgungsgesetz** mit Nachtrag, enth. **Kapitalabfindungsgesetz** vom 3. Juli 1916. — **1908.** 3,80 ℳ

Nr. **80.** Reichsgesetzgebung über **gerichtliche Registerführung.** Von Geh. Ob.J.Rat **O. Lindemann. — 1906.** 3,40 ℳ

Nr. **81. Urheberrecht an Werken der bildenden Künste und der Photographie.** Von Rechtsanwalt Dr **L. Fuld. — 1907.** 1,25 ℳ

Nr. **82. Reichsbeamtengesetz** vom 18. Mai 1907 mit Ergänzungen von Geh.Rat Prof. Dr **A. Arndt. — 1908.** 3,40 ℳ

Nr. **83.** Reichsgesetz über den **Versicherungsvertrag** nebst Einführungsgesetz. Von Dr **P. Hager** und Dr **E. Bruck. 3. verm. u. verb. Aufl. — 1913.** 6,50 ℳ

Nr. **84. Sammlung kleinerer privatrechtlicher Reichsgesetze.** Von Ober-L.G.Rat **G. Müller. — 1908.** 7,— ℳ

Nr. **85. Scheckgesetz.** Von Prof. Dr **M. Apt.** Vergriffen. Siehe Nr. **113.**

Nr. **86. Die Auslieferungsverträge des Deutschen Reiches.** Von Landrichter Dr **A. Cohn. — 1908.** 4,50 ℳ

Nr. **87.** Gesetz zum **Schutz der Warenbezeichnungen.** Von Geh. Reg.Rat, Mitgl. des Kaiserl. Patentamts Dr **Freund** und Rechtsanwalt **Magnus. 5. Aufl. — 1909.** 4,— ℳ

Nr. **88. Vereinsgesetz** vom 19. April 1908. Von Wirkl. Geh. Kriegsrat Dr **A. Romen.** Mit den **neuen Bestimmungen** über **Jugendliche und Gewerkschaften. 4. Aufl. — 1916.** 3,50 ℳ

Nr. **89. Vogelschutzgesetz** vom 30. Mai 1908 nebst den das Flugwild betr. Bestimmungen der Preuß. Jagdordnung. Von Dr **L. v. Vorberger. — 1909.** 1,25 ℳ

Nr. **90.** Die Haager Abkommen über das **Internationale Privatrecht.** Von Dr **G. Bogeng. — 1908.** 2,50 *M*

Nr. **91. Eisenbahn-Verkehrsordnung** mit Ausf.-Bestimmungen. Von Reg.Rat Dr **E. Blume. — 1909.** 2,80 *M*

Nr. **92.** Gesetz, betr. den **Verkehr mit Kraftfahrzeugen.** Von Amts-G.Rat **R. Kirchner. 3. Aufl. — 1915.** 4,50 *M*

Nr. **93.** Gesetz über die **Sicherung der Bauforderungen.** Von Justizrat Dr **E. Harnier. 3. Aufl. — 1912.** 1,80 *M*

Nr. **94. Haftpflicht der Reichs- und Staatsbeamten** von Dr **H. Delius. 2. Aufl.,** mit dem Gesetz über Haftung des Reichs für Beamte vom 22. Mai 1909. — **1909.** 3,80 *M*

Nr. **95.** Die Berner Übereinkunft über **Internationales Urheberrecht.** Von Geh.Rat Dr **H. Dungs. — 1910.** 1,25 *M*

Nr. **96. Branntweinsteuergesetz** vom 15. Juli 1909 mit den für das Reich erlassenen Ausf.-Bestimmungen und Kriegsverordnungen. **2. Aufl.,** bearbeitet von Reg. Assessor Dr **K. Kniebe,** Hilfsarbeiter im Reichsamt d. Innern. — **1916.** 4,— *M*

Nr. **97. Schutzgebietsgesetz** nebst V.O. betr. die Rechtsverhältnisse in den Schutzgebieten, dem G. über die Konsulargerichtsbarkeit sowie den Ausf.-Bestimmungen. Von **J. Gerstmeyer,** Wirkl. Legationsrat und vortr. Rat im Reichskolonialamt. — **1910.** 3,40 *M*

Nr. **98. Sechs Haager Abkommen** über **Internationales Privatrecht.** Von Geh. Ob.Reg.Rat Dr **H. Dungs. — 1910.** 1,80 *M*

Nr. **99. Die Abkommen der Haager Friedenskonferenz.** Von Dr **H. Wehberg. — 1910.** 3,40 *M*

Nr. **100.** Gesetz über den **Absatz von Kalisalzen.** Von Geh. Bergrat **E. Boelkel. — 1910.** 2,60 *M*

Nr. **101. Zuwachssteuergesetz** vom 14. Februar 1911. Von Geh. Reg.Rat Dr **W. Cuno. — 1911.** 4,— *M*

Nr. **102. Urheberrecht an Mustern und Modellen** und Ges. betr. Schutz von **Gebrauchsmustern.** Von Reg.Rat **J. Neuberg,** Mitgl. d. Kaiserl. Patentamts. — **1911.** 2,60 *M*

Nr. **103. Reichs-Viehseuchengesetz** vom 26. Juni 1909 nebst Ausführungsvorschriften u. dem preuß. Ausführungsgesetz. Von Landrat Dr **W. v. Hippel. 2. Aufl. — 1912.** 5,— *M*

Nr. **104. Versicherungsgesetz für Angestellte** vom 20. Dez. 1911. Von Rechtsanwalt **O. Bernstein** und Dr **J. Kupferberg. 2. Aufl. — 1912.** 3,80 *M*

Nr. **105. Das Geldwesen in den deutschen Schutzgebieten.** Von **W. Hintze,** Geh. Sekr. im Reichskolonialamt. — **1912.** 2,25 *M*

Nr. **106—109. Reichs-Versicherungsordnung nebst Einführungsgesetz.** Herausgegeben unter Mitwirkung von Dr **F. Caspar,** Wirkl. Geh. Rat, Direktor im Reichsamt d. Innern und **A. Spielhagen,** Geh. Ob.Reg.Rat, vortr. Rat im Reichsamt d. Innern. **4 Bände.**

Nr. **106.** I., V. u. VI. Buch. **Gemeinsame Vorschriften. — Beziehungen der Versicherungsträger zu einander und zu anderen Verpflichteten. — Verfahren.** Von Dr **K. Lippmann,** Reg.Rat im Reichs-Vers.Amt, Geh. Reg.Rat Dr **L. Laß** und Geh. Reg.Rat **H. Siefart,** vortr. Räte im Reichsamt d. Innern. — **1913.** 6,50 *M*

Nr. **107.** II. Buch. **Krankenversicherung.** Von Geh. Reg.Rat **H. Siefart** und Reg.Rat Dr **F. Sitzler. — 1916.** 7,50 *M*

Nr. **108.** III. Buch. **Unfallversicherung.** Von Geh. Reg.Rat **A. Radtke,** Senatsvors. im R.Vers.Amt. — **1913.** 8,50 *M*

Nr. **109.** IV. Buch. **Invaliden- und Hinterbliebenenversicherung.** Von Geh. Ob.Reg.Rat **B. Jaup,** vortr. Rat im Reichsamt d. Innern, und **H. Follmann,** Geh. Reg.Rat im R.Vers.Amt. — **1912.** Mit Nachtrag. 1914—1916. 4,50 *M*

Nr. **110. Wehrbeitragsgesetz** mit Ausf.-Bestimmungen. Von Wirkl.Geh.Ob.Fin.Rat **A. Fernow. 2. Aufl. — 1913.** 2,25 ℳ

Nr. **111. Reichs- und Staatsangehörigkeitsgesetz.** Vom 22. Juli 1913. Von Wirkl. Geh. Kriegsrat Dr **A. Romen. — 1913.** 2,50 ℳ

Nr. **112. Kaufmannsgerichtsgesetz** mit Best. des Gewerbegerichtsgesetzes. Von Dr **H. Depène,** Vors. des Kaufmannsgerichts zu Berlin. — **1914.** 2,80 ℳ

Nr. **113. Postscheckgesetz.** Von Oberpostinspektor **J. Weiland. — 1914.** 1,80 ℳ

Nr. **113 a. Postscheckordnung** mit Ausf.-Bestimmungen. Von Oberpostinspektor **J. Weiland. — 1914.** 1,80 ℳ

Nr. **114. Waffengebrauch und Festnahmerecht des Militärs.** Von Wirkl. Geh. Kriegsrat Dr **A. Romen** und Kriegsgerichtsrat Dr **C. Rissom. — 1914.** 2,25 ℳ

Nr. **115. Das vertragliche Wettbewerbsverbot [Konkurrenzklausel].** Nebst Kommentar zum G. v. 10. Juni 1914. Von Rechtsanwalt Dr **G. Baum. — 1914.** 3,40 ℳ

Nr. **116. Kriegs-Zivil- und -Finanzgesetze** vom 4. Aug. 1914 und den dazu erlassenen Verordnungen und Bekanntmachungen. **3. Aufl. — 1915.** 2,60 ℳ

Nr. **116 a. Kriegs-Zivil- und -Finanzgesetze.** Zweite Folge: Das Jahr 1915. — **1916.** 2,25 ℳ

Nr. **117. Darlehnskassengesetz.** Von Rechtsanwalt **Salomon** und Bankvorsteher **Bud. — 1915.** 2,25 ℳ

Nr. **118. Militärhinterbliebenengesetz.** Von Rechn.Rat **Reh.** Mit Nachtrag, enth. das **Kapitalabfindungsgesetz** vom 11. Juli 1916. — **1915.** 2,80 ℳ

Nr. **119. Kriegsleistungsgesetz.** Von Rechtsanwälten J.Rat **Heilberg** und **Schäffer. — 1915.** 3,20 *M*

Nr. **120. Telegraphenwegegesetz.** Von Postreferendar **Wolf. — 1916.** 1,80 *M*

Nr. **121. Direkte Kriegssteuer.** Gesetze zur Besteuerung der Kriegsgewinne. Von Ob.Verw.G.Rat **A. Mrozek. — 1916.** 4,50 *M*

Nr. **122. Gesetz über den Belagerungszustand** Von Kriegsgerichtsrat Dr **H. Pürschel. — 1916.** 5,— *M*

Nr. **123. Warenumsatzstempel.** Von Geh. Ob.J.Rat **Lindemann. — 1916.** 2,50 *M*

Nr. **124. Todeserklärung Kriegsverschollener.** Von Prof. Dr **J. Partsch. — 1916.** 3,— *M*

Nr. **125.** Das Gesetz über den **vaterländischen Hilfsdienst** mit Einleitung und amtlichen Materialien. **3. vermehrte Aufl. — 1917.** 1,50 *M*

Nr. **126. Besitzsteuergesetz** mit Ausf.-Bestimmungen. Von Ob.Verw.G.Rat **A. Mrozek. — 1917.** 6,— *M*

Nr. **127.** Verordnung über die **Geschäftsaufsicht zur Abwendung des Konkurses** vom 14. Dez. 1916. Von Rechtsanwalt **G. Klien,** mit system. Einleitung von Geh. Hofrat Dr **Ernst Jaeger** ord. Prof. a. d. Universität Leipzig. — **1917.** 2,— *M*

Nr. **128.** Gesetz betr. die **Verhaftung und Aufenthaltsbeschränkung** vom 4. Dez. 1916. Nebst Anhang, betr. Entschädigung unschuldig Verhafteter, **Von Wirkl. Geh. Kriegsrat** Dr **A. Romen. — 1917.** 2,50 *M*

Nr. **129.** Kriegsgesetze auf dem Gebiete des **Zivil- und Prozeßrechtes,** für die gerichtliche Praxis zusammengestellt von Dr **Johannes Fischer,** Amtsrichter. — **1918.** 4,— *M*

Nr. **11. Gewerbesteuergesetz.** Von Wirkl. Geh. Ob. Fin. Rat **A. Fernow. 6., vermehrte Aufl. — 1915.** 4,80 M

Nr. **12. Allgemeines Berggesetz.** Mit seinen Novellen und Nebengesetzen. **3. Aufl.**, bearbeitet von den Oberbergräten **Schlüter** und **Hense. — 1913.** 8,— M

Nr. **13. Ergänzungssteuergesetz** (Vermögenssteuergesetz). Von Wirkl. Geh. Ob. Fin. Rat **A. Fernow. 5. Aufl.** Mit Nachtrag, enth. Ges. betr. Erhöhung der Zuschläge vom 8. Juli 1916. — **1914.** 4,50 M

Nr. **14. Kommunalabgabengesetz.** Vom 14. Juli 1893 und Ges. wegen Aufhebung direkter Staatssteuern. Von Oberbürgermeister Dr **F. Adickes. 5. Aufl.** bearbeitet von Stadtrat Dr **Woell. — 1911.** 2,60 M

Nr. **15.** Die **Kreisordnungen** für den Preußischen Staat. Von Land-G. Rat **O. Kolisch. — 1894.** 4,20 M

Nr. **16. Konzessionierung gewerblicher Anlagen.** Von Geh. Reg. Rat Dr **W. v. Rüdiger. 2. Aufl. — 1901.** 2,— M

Nr. **17.** Preußisches **Gerichtskostengesetz.** Vom 25. Juli 1910. Mit Kostentabellen. Von Kammer-G. Rat Dr **P. Siméon. 7. Aufl. — 1913.** Mit Nachtrag: Abänderungen vom 17. Febr. 1917. 4,50 M

Nr. **18.** Preußisches **Stempelsteuergesetz** vom 30. Juni 1909. Mit sämtlichen Ausf.-Bestimmungen. Von **P. Loeck. 8. Aufl.** von Reg. Rat **W. Seyffarth. — 1914.** 9,— M

Nr. **19.** Das **Jagdscheingesetz.** Von Wirkl. Geh. Ob. Reg. Rat **F. Kunze. 2. Aufl. — 1899.** 2,25 M

Nr. **20.** Die **preußischen Erbschaftssteuergesetze.** Von Rechn. Rat **U. Hoffmann. — 1905.** 4,— M
(**Reichs**-Erbschaftssteuergesetz siehe Reichsgesetze Nr. **77**).

Nr. **21.** Gesetz über die **Handelskammern.** Von Min. Dir. **F. Lusensky. 2. Aufl. — 1909.** 3,40 M

Nr. **22.** Gesetz, betr. **Anstellung und Versorgung der Kommunalbeamten.** Von Dr **W. Ledermann. 2. Aufl.,** bearbeitet von Dr **L. Brühl. — 1914.** 2,40 ℳ

Nr. **23. Ausführungsgesetz zum Bürgerlichen Gesetzbuche.** Von Kammer-G.Rat Dr **P. Siméon. 3. Aufl. — 1914.** 2,40 ℳ

Nr. **24.** Die **Hinterlegungsordnung. (1879)** Von Reg.Rat Dr **G. Bartels. 2. Aufl. — 1908.** 2,— ℳ
Neues Gesetz vom 21. April 1913 siehe Nr. **53.**

Nr. **25. Preußische Kommunalbeamtengesetzgebung.** Von Mag.Assessor Dr **F. Kremski,** Berlin. — **1901.** 3,40 ℳ

Nr. **26.** Gesetze über das **Diensteinkommen der Lehrer und Lehrerinnen, Ruhegehalt und Hinterbliebenenfürsorge.** Tabelle zur Berechnung der Ruhegehalts-, Witwen- und Waisenbezüge. Von Bürgermeister Dr **E. Cremer. — 1900.** 2,60 ℳ

Nr. **27.** Gesetz, betr. die **Warenhaussteuer.** Von Geh. Ob.Fin.Rat Dr **G. Strutz. — 1900.** 1,50 ℳ

Nr. **28.** Die **Fürsorgeerziehung Minderjähriger.** Von Geh. Justizrat Dr **P. F. Aschrott.** Mit Ausführungsbestimmungen und allen wichtigeren Ministerialerlassen. **3. Aufl. — 1917.** 5,— ℳ

Nr. **29.** Gesetz, betr. **die ärztlichen Ehrengerichte, das Umlagerecht und die Kassen der Aerztekammern.** Von Amts-G.Rat Dr **F. Fidler. — 1901.** 1,80 ℳ

Nr. **30.** Das **Preußische Staatsschuldbuch** und **Reichsschuldbuch.** Von Wirkl. Geh. Ob.F.Rat **F. Mücke. — 1902.** 2,— ℳ

Nr. **31. Die geltenden Preußischen Gesindeordnungen. Zwei Bände.** Von Rechtsanwalt **St. Gerhard.**

31 a. Gesindeordnung für die altpreußischen Provinzen vom 8. Nov. 1810, unter Berücksichtigung der Ergänzungsgesetze, der Rechtsverhältnisse der Stellenvermittler und

Reichsversicherungsordnung, sowie die Gesindeordnungen für Neuvorpommern und Rügen und für die Rheinprovinz. **2. Aufl. — 1914.** 3,40 ℳ

31 b. Gesindeordnungen für Hannover, Schleswig-Holstein, Hessen-Nassau und den Regierungsbezirk Hohenzollern. — **1902.** 2,80 ℳ

Nr. **32. Die Städteordnung für die sechs östlichen Provinzen Preußens.** Von Dr **W. Ledermann** u. Dr **L. Brühl. 2. Aufl. — 1913.** 7,50 ℳ

Nr. **33. Rentenguts- und Anerbenrechts-Gesetzgebung in Preußen.** Von Land-G.Rat **M. Peltasohn** und Rechtsanwalt **B. Peltasohn. — 1903.** 3,40 ℳ

Nr. **34.** Sammlung der wichtigsten **preußischen Strafgesetze** nebst Ges., betr. polizeil. Strafverfügungen vom 23. April 1883. Von Geh. Ob.J.Rat. **Lindemann. 2. Aufl. — 1912.** 3,60 ℳ

Nr. **35. Geschäftsordnung für Gerichtsvollzieher.** Von **E. Exner. — 1904.** 3,50 ℳ

Nr. **36. Polizeiverordnungen in Preußen.** Von Geh. Ob.J.Rat **O. Lindemann. — 2. Aufl. 1912.** 2,60 ℳ

Nr. **37.** Gesetz, betr. **Enteignung von Grundeigentum** vom 11. Juni 1874. Von Ob.L.G.Rat **O. Meyer. 2. Aufl. — 1911.** 2,50 ℳ

Nr. **38. Kreis- und Provinzial-Abgabengesetz** vom 23. April 1906. Von Gemeindevorsteher **F. Schmidt. — 1906.** 1,50 ℳ

Nr. **39.** Gesetz, betr. die **Unterhaltung der öffentlichen Volksschulen.** Von Reg.Rat Dr **A. Marcks. — 1906.** 2,25 ℳ

Nr. **40. Verwaltungsstrafverfahren** bei Zuwiderhandlungen gegen die Zollgesetze und indirekte Reichs- und Landesabgaben. Von Dr **R. Katzenstein. — 1907.** 4,— ℳ

Guttentagsche Sammlung Preußischer Gesetze.

Nr. **52.** **Preußisches Wassergesetz** v. 7. April 1913. Von den Rechtsanwälten **G. Wulff** und **F. Herold.** — **1913.** 5,50 ℳ

Nr. **53.** **Hinterlegungsordnung** v. 21. April 1913. Von Landrichter **Hagemann.** — **1914.** 2,50 ℳ

Nr. **54.** Gesetz betr. **Anlegung von Sparkassenbeständen in Inhaberpapieren** nebst Ausf.-Verordnung vom 8. Mai 1913. Von Rechtsanwalt **H. Döhring.** — **1914.** 2,25 ℳ

Schlagwort-Register

R. = Nummer der Sammlung Deutscher **Reichs**gesetze.
P. = Nummer der Sammlung **Preußischer** Gesetze.
S. = Seite.

FSC
www.fsc.org
MIX
Papier | Fördert gute Waldnutzung
FSC® C083411

Kolibri 360 GmbH
Ferdinand-Jühlke-Straße 7
99095 Erfurt, Deutschland
produktsicherheit@kolibri360.de